中华文化

General Knowledge of
Chinese Culture

通识

纪
敏

北京燕山出版社

图书在版编目（ＣＩＰ）数据

中华文化通识 / 纪敏著 . — 北京 : 北京燕山出版
社，2022.5
ISBN 978-7-5402-6490-1

Ⅰ . ①中… Ⅱ . ①纪… Ⅲ . ①中华文化－通俗读物
Ⅳ . ① K203-49

中国版本图书馆 CIP 数据核字 (2022) 第 065146 号

中华文化通识

著者：纪敏

责任编辑：邓京

封面设计：马静静

出版发行：北京燕山出版社有限公司

社址：北京市丰台区东铁匠营苇子坑 138 号嘉城商务中心 C 座

邮编：100079

电话传真：86-10-65240430（总编室）

印刷：北京亚吉飞数码科技有限公司

成品尺寸：148mm×210mm

字数：318 千字

印张：12.25

版别：2022 年 5 月第 1 版

印次：2022 年 5 月第 1 次印刷

ISBN：978-7-5402-6490-1

定价：48.00 元

前言

　　灿烂辉煌的中华民族文化，在中国数千年的发展历史中熠熠生辉，是中华民族和全世界人民的宝贵精神财富。

　　中华优秀传统文化是中华民族的精神命脉，了解和认识中华文化，并在此基础上不断传承、发扬、创新中华文化，是促进国家文明发展、实现民族伟大复兴的重要精神动力和精神支撑。

　　本书系统梳理我国丰富而优秀的传统文化，探讨中华文化的内涵、发展与未来，对于提高青年学生的文化素养、爱国情操、民族文化自信有极大的促进作用。

　　全书分为三部分，共十二章内容，就体系庞大、内容丰富的中华文化进行了系统全面地研究与论述。

　　第一部分包括第一章内容，探寻文化之根，阐释文化与中国文化的概念、内涵，剖析中国文化的形成动因，明确指出中国文化的特征与精神以及学习中国文化的意义。

第二部分包括第二章至第十章内容，分别就丰富多彩的中华文化形态进行了深入解析，具体包括中国传统哲学思想与宗教、礼仪文化、文学、书画艺术文化、传统戏曲与舞蹈文化、传统工艺文化、传统建筑文化、民俗节令与社会生活以及中国传统特色文化。这部分内容为读者展现了一幅内容极为丰富和庞大的中国传统文化历史画卷，赏析这幅历史文化画卷，有助于读者充分了解和认识中华文化的博大精深、源远流长，进而增强民族文化自豪感与自信心。

第三部分包括第十一章和第十二章内容，就中国近现代文化进行了简要阐析，探讨了中华民族传统文化在近代所面临的危机以及在变革中的艰难求索；中华人民共和国成立以后，中华民族传统文化迎来了新的发展时期，建立文化自信，实现中华民族的伟大复兴成为新时代中国文化的重要发展目标。

本书是在我开设的公选课讲稿基础上扩充修订而成。在教学和成书过程中，参考了许多学者的论著，也得到了淮阴工学院专家、同事的关心和帮助，在此一并表示感谢！由于本人水平及时间所限，书中难免存在错讹之处，恳请读者批评指正。

纪敏

2021 年 12 月

目　录

第一章　探寻文化之根 / 1

第一节　文化、中国文化 / 3

第二节　中国文化的形成动因 / 13

第三节　中国文化的特征与精神 / 22

第四节　学习中国文化的意义 / 29

第二章　哲学思想与宗教 / 35

第一节　诸子百家 / 37

第二节　儒家文化 / 48

第三节　道教文化 / 56

第四节　佛教文化 / 62

第三章　礼仪文化 / 71

第一节　日常礼仪 / 73

第二节　婚丧与祭祀礼仪 / 81

第三节　社交礼仪 / 91

第四章　文学 / 99

第一节　先秦散文 / 101

第二节　诗 / 109

第三节　词 / 116

第四节　曲 / 121

第五节　小说 / 126

第六节　民间文学 / 130

第五章　书画艺术文化 / 137

第一节　汉字 / 139

第二节　书法 / 148

第三节　绘画 / 157

第六章　传统戏曲与舞蹈文化 / 167

第一节　传统戏曲 / 169

第二节　传统舞蹈 / 183

第七章　传统工艺文化 / 199

第一节　瓷器 / 201

第二节　雕塑 / 213

第三节　服饰 / 225

第八章　传统建筑文化 / 235

第一节　皇家宫殿 / 237

第二节　古朴民居 / 244

第三节　古典园林 / 254

第四节　宗祠与陵墓 / 262

第九章　民俗节令与社会生活 / **271**

　　第一节　二十四节气 / 273

　　第二节　传统节日 / 283

　　第三节　茶、酒文化 / 290

　　第四节　传统美食 / 299

　　第五节　传统体育 / 305

第十章　中国传统特色文化 / **309**

　　第一节　三苏文化 / 311

　　第二节　中原文化 / 317

　　第三节　燕赵文化 / 324

　　第四节　齐鲁文化 / 331

　　第五节　巴蜀文化 / 334

　　第六节　闽台文化 / 339

第十一章　走向近代的中国文化 / **343**

　　第一节　传统文化面临的危机 / 345

　　第二节　传统文化走向近代的变革历程 / 349

第十二章　社会主义中国新文化的发展 / **357**

　　第一节　中国文化的新发展 / 359

　　第二节　中国特色社会主义文化的建设 / 362

　　第三节　文化自信与民族复兴 / 365

参考文献 / **373**

第一章
探寻文化之根

　　泱泱中华，地域辽阔，民族众多，在这片广袤的土地上，勤劳且富有智慧的中华民族经过上下五千年的探索与传承，创造了灿烂而辉煌的中国文化。中国文化历史悠久，虽历经浮沉，但几千年来依然屹立东方而不倒，这源于中国文化独特而深厚的精神内涵。

　　了解中国文化，熟悉中国文化形成的原因与过程，能让我们更清楚地明白中国文化的来龙去脉和历史传承，更清楚地认识我们民族自身，有助于我们继承优良传统，实现中华民族的伟大复兴，开创更美好的未来。

【文化要点】

✽ 了解文化的含义，体会中国文化的源远流长、博大精深。

✽ 充分认识和理解中国文化形成的经济、社会动因。

✽ 掌握中国文化的五大特征，理解中国文化“天人合一”“以和为贵”“刚健有为”等精神内涵。

✽ 思考中国文化的意义，了解历史，尊重历史，增强民族自豪感。

第一节 文化、中国文化

一、认识文化

（一）文化的起源

"文化"一词自古有之，但追溯"文化"一词的滥觞会发现，"文"与"化"在古汉语中最初是分开使用的，其所代表的含义也与现今不同。

"文"在古汉语中通"纹"，表示纹理、花纹。《说文解字》："文，错画也，象交文。"表明"文"在古汉语中表示各色线条的纵横交错。古人常常将"文"与自然界的事物联系在一起，如《周易·系辞下》云："物相杂，故曰文。"在此基础上，"文"又引申出其他含义，如各种象征符号、装饰等，继而又引申出文物典籍、人为修养、美、善、德行等。例如，《史记·汲郑列传》"而刀笔吏专深文巧诋，陷人于罪"中的"文"表示法令条文，杜牧"圣云继之神，神仍用文治。"中的"文"则表示美德、文德。

"化"本义表示变化、产生、造化。例如，《庄子·逍遥游》中记载："化而为鸟，其名为鹏。"这里的"化"表示变化。《周易·系辞下》称："男女构精，万物化生。"这里的"化"意为产生。《兰亭集序》中提道："况修短随化，终期于尽。"这里的"化"可理解为造化。所以，"化"表示事物发生改变，在此基础上引申为人的思想发生改变，即教化之义。

古书典籍是记录文化的重要载体之一

了解了"文"和"化"各自的含义，那么"文化"一词从何而来呢？

《周易·贲卦》中记载："观乎天文，以察时变，观乎人文，以化成天下。"这里"文"和"化"第一次同时出现。"天文"表示日月星辰等纵横交错于天上，意指自然界的规律，"人文"表示人与人之间错综复杂的人际关系，意指人类社会运转的规律。整句的意思是说，执政者需要观察自然界的运行规律，来了解时序的变化，还应观察人类社会运转的规律，使每个人都能得到教化，遵从礼法。"以文教化"的思想表达了"文化"一词的基本含义。

"文"与"化"合为一词可追溯到西汉时期。《说苑》有云："凡武之兴，为不服也；文化不改，然后加诛。"这里的"文化"与"武力""野蛮"相对，表示文治教化。自西汉以后，"文"与"化"合为一词，沿用至今。

（二）文化的界定

在人类发展的过程中，人类不断地改造着自然，与自然相互作用，相互影响，逐渐形成现在的社会形态，而这也是文化的创造过程。

那么，文化是什么呢？实际上，给文化下一个精确的定义非常困难，不同时期文化的定义可能并不相同，不同的学者对文化的理解和界定也会有所不同。

1. 狭义的文化

广义的文化包括物质文化与精神文化，而狭义的文化主要指精神文化。对精神文化继续进行划分，又可分为以下三种。

（1）制度文化

人类在社会实践中建立的各种社会规范、社会制度构成了制度文化。

人类进行物质生产活动，在相互合作中建立了社会关系。为了维持稳定的社会关系，人类在发展过程中制定出了适合人类在社会中互利共生的各种制度，这些制度可以处理与约束人与人之间的各种关系，如婚姻制度、政治法律制度、社会经济制度等。

5

人类社会的各个群体都有相应的制度，小到一个班级有班级制度，社区有社区制度，公司有公司制度；大到一个国家有国家的管理制度，甚至世界上的不同国家也要共同遵守国际制度。制度对人类起着约束的作用，因为有各种社会制度，人类社会才得以维持良好的运转。

天坛祈年殿

（2）行为文化

行为文化是指人类在社会实践活动以及人际交往中约定俗成的行为模式。行为文化是一种集体现象，是一些地区的人们经过长时间反复执行而形成的，在时间上具有传承性。

行为文化最主要的表现形式就是民风民俗。行为文化包括生活的方方面面：衣、食、住、行、婚、丧、嫁、娶、生产、交易、民间信仰、节日习俗等。

（3）心态文化

心态文化是指人类在长期的社会实践活动中孕育出的价值取向、审美观念和思维方式，它是文化的核心部分。

对心态文化进行细分，又可将其分为社会心理和社会意识形态两个层次。社会心理表示某一地区的人们日常的精神和思想状态，体现的是大众心态，如人们的情绪、愿望、要求，对某些事物的看法、观念等。社会心理受物质文化和制度文化的影响，是行为文化的支配者。

文化专家通过对原始的大众心态进行理论加工和艺术处理，形成社会意识形态，并以书籍、绘画等物化形式将其固定下来进行流传。

社会意识形态可分为基层意识形态（如政治理论、法权观念）和高层意识形态（如哲学、文学、艺术、宗教）。

基层意识形态与社会联系密切，是经济基础的集中体现，但它的产生与发展离不开社会心理这一中间媒介。

高层意识形态也基于社会存在，但它更远离物质经济基础，具有较强的独立性。它与社会之间存在一系列的中间媒介，其中就包括社会心理和基层意识形态。

2. 广义的文化

广义的文化以人及人的创造为基础，根据人类与动物、人类社会与自然界的本质区别，将超越本能的、人类有意识地作用于自然界和社会的一切活动及其结果，都归属于文化。[①]

因此，文化涵盖的范围非常广，诸如语言、哲学、科学、教育、道德、信仰、法律、文学、音乐、美术、舞蹈、戏剧、生产工

① 教育部高教司组编：张岱年，方克立主编．中国文化概论［M］．北京：北京师范大学出版社，2004：5.

具、日用器皿以及制造它们的技术、组织、制度、风俗习惯等都属于广义文化的范畴。

对庞大的文化范畴进行细分，可以将广义的文化分为物质文化与精神文化。

物质文化是人类的物质生产活动及其产品的总和，是可感知的、具有物质实体的文化产物，构成整个文化创造的基础，它体现的是"物化的知识力量"。所以，自然状态下已经存在的物质不属于物质文化，物质文化产品需包含人类创造或改造的技术在内。例如，一块天然玉石本身不具有文化意义，但是经过人工打磨、雕琢，注入了人的技术、审美和价值观念，就进入了文化范畴。

长城

在人类漫长的发展过程中，为了满足最基本的衣、食、住、行等生存需求，人类创造出丰富而辉煌的物质文化。一个时期的物质文化反映出当时人类对自然界认识、利用以及改造的深入程度，反映了社会生产力的发展水平。

知识拓展

文化结构

关于文化结构，有多种划分方法，如物质文化与精神文化两层划分；物质文化、制度文化与精神文化三层划分；物质文化、制度文化、风俗习惯、思想与价值四层划分；物质文化、社会关系、精神文化、艺术文化、语言符号、风俗习惯六层划分等。其中，四层划分方式是最常用的划分方式，因此本书的内容是以四层划分方式展开论述的。

二、中国文化

中国，位于东亚大陆的一条巨龙，有上下五千年的历史，是世界四大文明古国中唯一延续至今的国家。五千年的积淀成就了中华文明深厚的文化底蕴，中国文化可谓源远流长。

中华大地是孕育中国文化的摇篮，几千年来，伴随历史的沉沉

浮浮，中国疆域不断演进变化，中国各民族不断汇聚融合。

上古时，华夏文明在黄河流域形成，自认为那里就是天下中央，故称中国。后经商周两朝，然后秦灭六国，结束了春秋战国诸侯分裂的局面，奠定了中国大一统王朝的统治基础，而后西汉又进一步巩固和扩展了大一统的局面。三国两晋南北朝时期，中国陷入分裂，"五胡乱华"期间，众多民族融于中国，诸多民族在各种冲突中吸收、影响彼此的文化习俗，最终形成融合的局面。之后历经多个朝代，中国疆域不断变化。中华人民共和国成立后，中国疆域最终确定为酷似雄鸡的版图。

黄河壶口瀑布

在几千年的发展历史中，随着社会的发展和生产力的提高，中国境内各民族不断互相影响，互相学习彼此先进的知识和技术，各民族人民的联系愈加密切。近代以来，中国屡遭外敌入侵，华夏各民族形成整体意识和统一的民族观念，团结一心，共同御敌。如今，"中华民族"已成为中国境内 56 个民族的共同称谓，而中国文化则是生存在中国这片土地上的中华民族所有人民的共同贡献。

　　中国文化包罗万象，涵盖范围广泛。深刻的哲学思想，浩如烟海的文化典籍，独具特色的传统礼仪，美妙绝伦的文学艺术，叹为观止的工艺科技……这些共同构成了璀璨的中国文化。

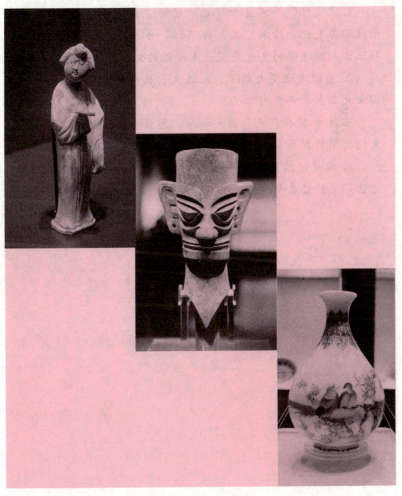

丰富多彩的中国文化

学有所思

1. "文化"一词自古有之，起初"文"与"化"分别表示纹理与变化，后来"文"与"化"合并成为新的词语，你知道古人所理解的文化与现代人所说的文化有什么区别吗？

2. 中国文化博大精深、源远流长且包罗万象，你知道中国文化都包含哪些内容吗？

3. 文化具有广义和狭义之分，怎样理解广义文化与狭义文化之间的联系与区别呢？

4. 文化结构具有多种划分方法，你能说说按照四层划分方法，文化结构都包含哪些内容吗？

第二节　中国文化的形成动因

一、中国文化根植的经济基础

（一）得天独厚的地理环境

　　一种文化或一种文明的诞生与发展是受多种因素影响的。这里所提到的中国地理环境的"得天独厚"是就中国疆域内的整体自然地理环境而言的，不排除存在局部地区气候恶劣、某些时期自然灾害严重的情况。因此，这里主要是从宏观角度来谈中国文化和华夏文明的形成因素。

　　中国地大物博，有着良好的自然条件和地理生态环境，非常适宜居住和生产。得天独厚的自然地理环境为中华文明的诞生和发展奠定了良好的地理环境基础。

1. 地大物博、地形特殊，利于形成独特的文化空间

我国地域辽阔，位于亚欧大陆的东部，有优越的高山、森林、江河、湖泊等生态环境，有丰富的动物、植物、土地、矿产等各类自然资源。

早期人类茹毛饮血，从森林、山地、湖泊中获取生存和生产资料，"叶草蔽体""兽皮御寒""钻木取火""驯化禽畜""栽桑种麻"等人类行为无一不是受到先天良好的自然资源的影响。没有丰富的资源做支撑，不足以促进文明的诞生。

从地理地貌的角度来看，我国东临太平洋，西部被高山环抱，北部和南部均有或广阔或险峻的自然屏障，这些天然屏障在交通不发达的古代，让中国形成了一个独立的文化地域空间。在这个文化空间内部，多地域文明能实现彼此互通有无，同时又较少受到其他国家的文化影响，形成了独具特色的华夏文明。

中国地势自西向东呈阶梯式分布，高原、山地、草原、丘陵、盆地、平原，地形地貌丰富多样，在不同的地形地貌中生活的人们或逐水草而居，或择山林而居，或依厚土而居，形成巴蜀文化、草原文化、中原文化等多地域多元文化形态，这些文化形态都是中华文化重要的组成部分。

2. 气候适宜、环境宜居，利于文化的诞生与发展

中国大多数地区地处温带，从气候类型上看，东部属季风气候，西北部属温带大陆性气候，青藏高原属高寒气候。整体来看，季风气候显著，夏季高温多雨，冬季寒冷少雨，局部地区小气候变化复杂。

气候对文化和文明的影响是显著的，气候的恶劣变化，将会导致水土流失、植被减少、沙漠扩大等地理环境变化，而依赖一定的

地理环境而生存发展的文化与文明也必然会受到影响，如古楼兰文明的消亡。

在气候温暖、四季分明的地区，非常适合农作物生长，适宜早期人类开展农耕。

从古至今，中国地域范围内的大多数地区是适宜动植物生存的，这样的地理和气候环境也同样为远古先民的生存生产奠定了基础。适宜农作物生长，适合狩猎、捕鱼、放牧的地理和气候，让这里的人们能解决生存和温饱问题，之后才进一步产生文化和文明。

知识拓展

楼兰文明的消亡

楼兰，受汉朝西域都护府管辖，古代"丝绸之路"的南、北两道由此分道。

《史记·大宛列传》和《汉书·西域传》记载，公元前2世纪以前，楼兰是西域一个著名的"城廓之国"。

《汉书·西域传》中这样介绍楼兰的自然地理环境："地沙卤，少田，寄田仰谷旁国……民随畜牧逐水草，有驴马，多橐驼。"

楼兰遗址位于今天中国新疆巴音郭楞蒙古自治州若羌县北境，周围是罗布泊雅丹地形。

关于楼兰古城和楼兰文明的消失，有很多不同的说法和观点，真相如何有待更多的资料和考证。但有一点是值得肯定的，楼兰的消失跟自然环境的破坏有一定的关系。楼兰地处亚欧大陆中心位置，远离海岸线，水和农作物的稀缺不言而喻，再加上楼兰是古丝绸之路上的重要城郭，兵家必争，过度垦荒和多发的战争让当地的植被、农耕遭到了严重的破坏。公元 3 世纪后，流入罗布泊的塔里木河下游河床被风沙淤塞，楼兰"人烟断绝，国久空旷，城皆荒芜"。

3. 不同地理环境，滋养了多地区文明

平原、丘陵、草原、盆地、山地，不同地区的地理环境不同，居住在这里的人们的生产和生活方式也不同，如平原地区以种植农作物为生，草原、山林地区可放牧、狩猎、采摘果实，多水的地区人们靠捕鱼为生。不同的地理环境使得不同地域的文化具有独特的地域风格特色，这也是在幅员辽阔的中华大地上产生中原文化、燕赵文化、齐鲁文化、巴蜀文化、吴越文化、岭南文化等多元地域文化的重要原因。

不同的地理环境滋养了不同的地域文化，滋养了不同的民族，各民族和谐相处，大杂居小聚集，各民族文化不断交融汇聚，因此，各族人民是中华文明的共同创造者、传承者。

（二）自给自足的自然经济

地理地貌丰富、自然资源丰产、动植物和矿产资源多样，这些都为人类的居住、生存、生产创造了良好的物质条件。早期人类在这块富饶的土地上悉心耕作、期盼丰收，形成了自给自足的自然经济，也因为如此，人们热爱和依赖这片土地，安分守己、安土重迁、相对封闭。

自然经济条件下，生产的目的并不是交换，而是满足生产者个人或家庭的需要，中国有支撑自然经济的良好自然地理环境，人们择一处而居，通过家庭合作能实现自给自足，这样稳定的生产有利于文化的传承。

日晷

此外，自给自足的自然经济，一方面让我国文化能形成一个相对封闭的地域文化空间，彼此发展传承，不受其他文化的干扰，能始终保持自己的文化特色；另一方面，就整个中国来看，随着生产力的发展和提高，各地域、各民族的文化不断交流与融合，形成了庞大的中华文化体系，而不会受到其他国家和地区的文化冲击和

影响。

自然经济让中国形成了独立的文化空间，但也让中华文化具有一定的封闭性。

二、中国文化依托的社会形态

（一）宗法制度，一脉相承

中国文化在数千年的发展过程中表现出专制制度一脉相承的特点，这主要集中表现在中国地主阶级对社会政治结构的长期建设和统治的过程中。

远古时期，人们聚族而居，不同部落之间为了争夺有限的生存生产资料会发生冲突和战争。《史记·五帝本纪》记载："蚩尤作乱，不用帝命，于是黄帝乃征师诸侯，与蚩尤战于涿鹿之野。"这里说的就是蚩尤部落向西侵略，炎帝败后求助于黄帝，而后黄帝和蚩尤大战涿鹿的故事。

为了获取生存生产资料，不同部落之间会发动战争，也会联合起来以壮大势力。

为了始终保证部族的强盛，先民会推选能带领部落强大的首领，首领为了部落的将来也会选择优秀的人禅让首领之位。这一情况在夏朝发生了改变，尧舜禹之后，禹的儿子启继承首领之位，建立夏朝，中国进入奴隶制社会。

商朝实行兄终弟及制，后期父子相继的继承制逐渐确定，发展至周王室，嫡长子继承制逐渐确定，这一制度影响了此后中国几千年，是中国古代宗法制度的重要内容。

周代，周王自称天子，是天下的共主和最高统治者。天子之下分诸侯、卿大夫、士、平民、奴隶。天子的嫡长子继承天子之位，其余庶子分封为诸侯；诸侯的嫡长子继承诸侯之位，其余庶子封为大夫；大夫的嫡长子继承卿大夫之位，其余庶子为士。周朝的统治者就是用父子血缘关系和森严的等级制度来维系王权统治。

《左传·桓公二年》中记载"天子建国，诸侯立家，卿置侧室"，诸侯封邦建国，接受天子的统治和管辖。

封邦建国与嫡长子继承制度，共同构成了我国早期社会的宗法制度，让"国天下"变成"家天下"，这种统治制度是稳定的，文化依托血缘继承和传承。

从本质上讲，古代宗法制度是家族制度的政治化，无论是奴隶社会还是封建社会，历代沿袭，隋朝杨氏家族当政，唐朝为李氏家族的天下，宋朝赵氏代代承袭，明朝朱为国姓，政治统治与家族血脉紧密地联系在一起，一个王朝的兴衰就是一个家族的兴衰。

中国宗法制度不仅影响统治阶级，也影响普通百姓的思想。中国历代重视"家族文化"的传承，由此衍生出诸多中国传统文化制度与思想，如"家国同构""父为子纲""子承父业""长幼有序""修身、齐家、治国、平天下"等，重视以家国为单位，而不强调个人发展，也进一步形成了"安土重迁""兄友弟恭""孝文化""中庸""无为"等处世哲学及思想。

宗法制度、"家文化"影响着每一个中国人。

(二) 礼乐文明，延续千年

从周朝起，我国就建立了一套相对完整的文化礼仪统治制度，即"周礼"，周代礼乐制度可以细分为礼和乐两个部分。礼为身份、地位鲜明的等级制度；乐是基于礼的等级制度，用音乐教化民众、调和矛盾。

由周礼始兴、延续至今的传统礼乐文明内容广泛，包括祭祀、

19

朝聘、婚丧等诸多方面，亦涉及君臣、父子、夫妻、兄弟等不同关系，也有个人道德品质等约束与要求。在周礼的基础上，中国礼乐文化不断发展完善，延续千年，传承至今。

曾侯乙编钟

传统戏曲

━━━━━━━━━━━⌐ **学有所思** ⌐━━━━━━━━━━━

1. 文化的产生离不开文化的创造主体——人，同样也离不开文化的生存土壤——自然地理和社会经济环境。回顾中国传统文化的产生，你认为中国特色自然地理环境和社会环境分别在中国文化的产生、发展过程中发挥着怎样的作用？

2. 有很多人认为中国文化是在中原文化的基础上发展而来的，也有人认为中国地域辽阔，中国文化是由多区域文化先后产生再相互融合而成的，你认同哪一种观点？谈一谈你的想法。

第三节 中国文化的特征与精神

一、中国文化的特征

（一）历史悠久，源远流长

在世界范围内，曾有过四大文明古国（古巴比伦、古埃及、古印度、中国），对应着世界四大文明发源地，只有中国文化源远流长，一直传承发展至今。

中国良好的地理环境促进了中国文化的产生，并使其能稳定、持续发展至今，历史悠久、源远流长是中国文化的重要特征。

（二）团结凝聚，生命力强

中国是一个地域广阔、多民族的国家，在相对富饶、封闭的地理环境下，不同地域和民族产生了不同特征的文化，随着各地域与各民族文化之间的交流与融合，形成了体系庞大、内容丰富的中国文化。

不同地域的文化和不同民族的文化都是中国文化不可分割的一部分。在中华民族灿烂的传统文化中，各少数民族文化和汉文化一样，有着非常重要的地位。少数民族文化各具特色，极大地丰富了我国传统文化体系内容。可以说，中华民族大家庭成员共同创建了灿烂的中华文化。

中国文化传承发展千年，在不同时期的文化发展历史进程中，先后经历了不同朝代的更迭、外来文化的冲击，但中国文化仍以顽强的生命力生存下来，并在始终保留中国文化特色与特征的基础上（没有被任何文化同化），立足于世界民族之林，是世界文化重要的、不可忽视的组成部分。

（三）文化多元，兼容并蓄

中国文化多元、兼容并蓄的特征与中国文化的前两个文化特征有着密不可分的联系。

一方面，不同地域的文化发展具有封闭性、稳定性，这让中国不同地域的文化能够保持当地文化的鲜明特征，形成多元的民族文化。

另一方面，不同地域的文化在不同时期相互交流、融合，各自吸收其他文化中的优秀内容，让本土文化能始终保持先进性，不同文化求同存异、相互依存，共同构成了中国文化兼容并蓄的特征。

（四）以家为本，集体主义

正如前文所述，宗法制度、"家文化"是中国文化的典型内容，中国文化的传承和发展以氏族血缘为纽带，古人在遵循等级森严的宗法制度的基础上，关注家族兴衰，形成以家为单位的社会组织，在整个社会范围内建立起有助于社会稳定的君臣、父子、夫妻、长幼等家庭与人际关系。

以振兴家族为己任，关注家族荣辱，中国古人形成了重视集体主义的文化观念，这与西方重视个人价值的实现的文化观念形成了鲜明的对比。

（五）尊君重民，仁君爱民

从"周天子"到"事在四方，要在中央"（《韩非子·扬权》），中国古代的中央集权政治统治，有利于社会的稳定和国家的统一，而国家的统一有利于文化的统一发展。从封建王朝的兴衰中也不难看出，军政大权掌握在中央、边境稳定的"盛世王朝"，不仅政治稳定、经济繁荣，文化也呈现欣欣向荣之象。因此，统治者要想具有绝对的权威，必须集权于中央，故统治者自称"天子"，要求四方诸侯、百姓尊君，服从君王。

春秋战国诸侯混战，儒家力图改革、维护统治，提出"仁政""爱民""水能载舟，亦能覆舟"（《荀子·哀公》）的德治思想，反映出古代思想家对稳定政治统治有了新的认识。

"尊君"与"重民"看似相悖，实则相辅相成，共同构成中国社会政治统治思想，也为根植于社会形态之上的中国传统文化的形成提供了文化土壤。

总体而言，自给自足的自然经济是中国传统文化根植的经济基础。在历朝历代，农业为国之根本，几千年来，中国人安土重迁，创农历，观星象，探索人与自然的关系，总结朝代盛衰更迭的规律，都离不开周而复始的农耕。农业为中国人提供了赖以生存的物质基础，也促进了中国人朴素的宇宙观、世界观、自然观以及诸子百家的哲学思想等的形成。

　　中国古代轻视商业发展，商人的社会地位并不高，这是由我国自给自足的自然经济特点所决定的，也是由农业为国家之根本的经济发展特征所决定的。这种思想观念使得我国长期处于一个相对封闭的文化空间，在这一文化空间内，文化特征得以延续传承，文化内容得以不断丰富，文化体系不断壮大，但也造成了近代西方文化对我国传统文化的强大冲击。

二、中国文化的精神

（一）天人合一，以人为本

　　"天人合一"是我国传统哲学思想观念的重要观点之一，"天"指"自然"，"天人合一"强调人与自然应该和谐相处。

　　我国重视农业生产，从农作物与自然的关系中发现了人与自然的关系，并总结出了人与自然的相处之道：只有尊重自然、遵守大自然客观发展的规律，才能实现人与自然的和谐共生、共同发展。

　　以人为本的人本思想是中国文化的重要精神内涵，这在许多哲学观点中均有体现。

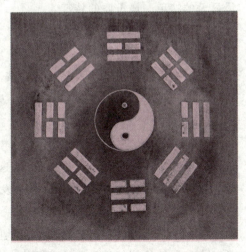

象征"天人合一"思想的八卦图

"未知生，焉知死"，还不知道活着的道理，怎么能知道死的事情呢；"子不语怪力乱神"，在大自然中，人是最重要的，人为万物之灵。《论天道》记载："人事为本，天道为末。"

（二）和而不同，以和为贵

中国多地域、多民族的文化在发展过程中，形成了兼容并蓄的特点。中国文化有海纳百川的胸襟，在多元文化的基础上求同存异，和而不同，共同发展。

中国地域广阔，不同时期、不同地域、不同民族、不同类型、不同流派的文化相互影响、相辅相成，彼此碰撞后最终走向融合，并在庞大的中华文化体系中，相互吸收优秀部分，进一步得到发展壮大。

"以和为贵"是儒家重要的哲学思想，这一思想也是中华文化最显著的特色、最重要的特征。

《论语·学而篇》记载："礼之用，和为贵。先王之道，斯为美，小大由之。有所不行，知和而和，不以礼节之，亦不可行也。"这里讲，礼的作用在于使人际关系和谐，而这种和谐是以不同为前提的，而不是毫无道理的附和与不讲原则的趋同，所谓君子和而不同也。

《中庸》说："中也者，天下之大本也；和也者，天下之达道也。致中和，天地位焉，万物育焉。"这里讲自然万物和谐相处的规则，天地万物各安其位，遵循自然发展，相互不侵扰，达到中和，则万物繁荣共生。

《孟子·公孙丑下》说"天时不如地利，地利不如人和"，突出了"人和"的价值与重要性。古人认为，作战时，哪怕一方占尽了天时、地利，也抵不过另一方人心所向、内部团结所形成的强大的凝聚力和战斗力。无数事实告诉我们，当民族团结、人心凝聚时，就能战胜一切困难。

中国人"和"的思想，不仅涉及自然万物、人与自然、人与人，也涉及不同文化、不同国家和地区，其基本主张是求同存异，以和为贵。

（三）刚健有为，自强不息

《周易·乾卦·象传》："天行健，君子以自强不息；地势坤，君子以厚德载物。"大意是说，自然运行强健，与此对应，君子做事要主动寻求进步；大地气势雄厚，与此对应，君子应增加自己的道德修养。

古人认为，大丈夫应志在四方，应具有刚健不屈、有所为有所不为的精神，应自强不息。

司马迁在《报任安书》中写道："盖文王拘而演《周易》；仲尼厄而作《春秋》；屈原放逐，乃赋《离骚》；左丘失明，厥有《国语》；孙子膑脚，《兵法》修列；不韦迁蜀，世传《吕览》；韩非囚秦，《说难》《孤愤》；《诗》三百篇，大底贤圣发愤之所为作也。"古代圣贤哪怕身陷人生低谷仍然保持着顽强的意志和奋勇拼搏的精神，他们在忧患中成长，在逆境中磨炼心智，积极进取，自强不息，最终成就一番伟业。

"刚健有为，自强不息"是中华民族特有的精神气质，它激励着一代又一代中华儿女向着心中的理想，向着美好的未来披荆斩棘，奋勇前进，为了民族的伟大复兴、国家的繁荣富强而努力奋斗。

1. 中国文化历史悠久，源远流长，几经朝代更迭依然能延续发展至今，你知道这是为什么吗？

2. "家文化"是中国文化的重要组成部分，从哪些方面可以看出"家文化"对中国人思想的影响？

3. 纵观整个封建王朝，一个朝代的统一、兴盛不仅需要明君集权管辖地方，也需要充分关注民生，那么，君和民哪一个更重要呢？"尊君"和"重民"是否相悖呢？

第四节 学习中国文化的意义

一、认识文化，了解历史，增强民族自豪感

从本质上讲，文化就是"人类化"。① 文化伴随着人类的生产活动而诞生，从制作生产工具，到创造文字、记录文字，再到产生歌舞、城市、国家以及构建社会关系、发展经济、科技艺术，这些都属于文化的范畴。

在原始社会，生产力低下，对自然现象和自然规律认识不足，先民们寄托于祈求神灵和祖先保佑以实现风调雨顺，从原始宗教、图腾崇拜，到创建文字、历法，中华文化实现了质的跨越，此后，中华先民们依靠集体智慧创造了灿烂的华夏文明，在哲学思想、宗教文化、礼仪文化、文学、书画艺术、戏曲与舞蹈、工艺、建筑、民俗节令与社会生活文化等方面都取得了巨大的成就。

---

① 教育部高教司组编：张岱年，方克立主编 . 中国文化概论［M］. 北京：北京师范大学出版社，2004：53.

　　优秀的中国传统文化是中国人民几千年来智慧的结晶，在各个历史时期都表现出文化的独特性、先进性，是世界文化的瑰宝。学习、了解、认识中国文化，不仅能了解文化发展的历史，也能通过文化去了解不同历史时期的政治、经济、科技等的发展，了解不同历史时期的不同文化形态的特征与差异，从而充分认识到中国文化的历史悠久、博大精深，增强民族自豪感和自信心。

　　学习中国文化，有助于当代青年充分认识中国文化的发展脉络与历程，认识中华文明的发展进程。

　　学习中国文化，有助于当代青年通过文化了解和认识历史，感受古人的智慧和华夏文明传承、发展到现在的艰辛，感受中国文化在各个时期的独特性、先进性，进而增强民族自豪感。

二、理解民族精神，增强民族意识

　　学习中国文化的内容，了解中国文化的庞大体系与丰富的精神内涵，有助于当代青年增强中国文化认同，理解民族精神，增强民族意识。

　　中国文化发展至今，经历了长期的、曲折的、艰辛的发展历程，中国文化所蕴含的民族智慧与民族精神值得当代青年去学习和领悟，进而更加深刻地理解中国文化，领略中国文化的历史厚重感与精神风采，并增强民族意识。

三、传承文化、建设文化、创新文化

　　优秀且丰富的中华文化是中华民族的宝贵财富，任何时期都应该保护好，领悟民族文化的精神内涵，把民族文化代代传承下去，这是当代青年义不容辞的历史责任。

中国文化历史悠久，源远流长，在其自身的发展过程中及与现代其他文化形态相互交流的过程中，受各种因素的影响，发展艰辛，有些优秀的文化甚至面临失传的危险境地。传承中国文化中优秀的文化内容和精神，促进中华文明代代相传，才能始终保持中华文明的独特性、先进性。只有认真学习中国文化，在此基础上"取其精华去其糟粕"，才能正视历史、认识国情、厘清国内国际发展形势；才能进行文化反思，传承优秀的中国文化，促进中国文化的绵延发展。

历史的发展并非一成不变，文化的发展亦是如此。中国文化的发展历程中，偶然性与曲折性并存，先进性与局限性并存，学习中国文化，有助于青年们培养科学的思维方法，用辩证的理念去分析问题、思考问题，而对历史进行总结，对文化进行反思，并由此而促进青年们的思想进步，并进而促进整个中华民族的思想进步。

中国传统文化经历了数千年的风雨才走到今天，当代青年无疑是站在"先民的肩膀上"看中国、看世界。在世界文化多元化，政治、经济、科技形势变幻莫测的今天，当代青年更应该努力学习中国文化，并在此基础上，立足当下，认清形势，批判继承中国传统文化，并坚持文化的创造与创新，推动中国文化的不断丰富、发展、创新，为实现中华民族的伟大复兴打下坚实的文化基础。

学有所思

1. 中国文化博大精深，在丰富的中国文化体系中，你对哪些传统文化比较感兴趣，为什么？

2. 传承和发展中国文化是当代青年的重要历史责任，为此你曾做过哪些努力？请举例说明。

3. 学习中国文化有助于当代青年建立正确的历史观、世界观、人生观，请简单就此谈一谈你的看法。

温故知新

让我们追根溯源，探寻"文化"一词的起源，了解广义的文化与狭义的文化的内涵，了解中国文化的形成过程以及形成动因。

千百年来，历史、地理、政治以及经济等多种原因推动着中国文化不断发展。中国文化独特的精神、强大的生命力和凝聚力令人折服，重实际求稳定的农业文化心态，以家族为本位的宗法集体主义文化，尊君重民的政治文化等，均彰显着中华民族的智慧。

学习中国文化，了解历史、深化民族自我认识，引发思考、深刻认识当前国情，理性务实、继承创新传统文化，是每一个华夏子孙的重要责任。

感受文化的初步洗礼后，你能结合自己的实际情况，说一说学习中国文化对于个人有什么益处吗？

第二章
哲学思想与宗教

　　在中国的历史长河中，春秋战国时期是一个群星闪烁、思想和文化都无比璀璨丰富的时代。发达的学术思想，是民族文化生生不息的重要前提，而先秦时期的百家争鸣，不仅是中国传统文化的"原动力"，亦极大地丰富了中国传统文化的精神内涵。

　　先秦伊始，儒家、道家文化的不断发展演变，西域佛教的本土化历程，及儒道佛三家的互相激扬、彼此融合，共同构成了中国传统文化庞大复杂的知识体系。梳理诸子百家的相关知识及儒道佛三家的代表流派、人物、观点及发展脉络，能够帮助我们更好地理解中国古代哲学思想与宗教的关系，继承与传扬中国古人所推崇的人文精神和自然精神。

【文化要点】

✽ 了解春秋战国时期百家争鸣的时代背景，认识先秦十大思想流派的代表人物、作品及思想。

✽ 认识孔子、孟子的代表思想，理解宋明理学的主要观点。

✽ 认识与理解道教代表思想，了解道家与道教异同。

✽ 了解佛教初入中国的历史、佛教的中国化发展。

✽ 思考佛教、儒家、道家三者之间的关系。

第一节　诸子百家

一、诸子百家综述

（一）春秋战国，学派蜂起

"诸子百家"之说最初记载于《史记·贾生传》："贾生年少，颇通诸子百家之书。文帝召以为博士。"《汉书·艺文志》中也曾用这样的文字去概括我国春秋战国时期学派蜂起、百家争鸣的盛况："凡诸子百八十九家，四千三百二十四篇。"

"子"是古人对男子的一种尊称，意为"老师""先生"等；"诸""百"都是众多的意思。所谓"诸子"，指的是中国先秦时期各大哲学、思想、政治流派的代表性人物，而"百家"指的是当时纷纷著书立说的各种学术及政治流派。

比如，儒家的代表人物孔子和孟子，道家的老子和庄子，墨家的墨子，兵家的孙武和孙膑，法家的管仲、乐毅等，这些大名鼎鼎

的思想家们对当时的社会现状进行了广泛而深刻的探讨，各家所阐述的命题包括但不限于人与自然、人与社会、人与国家、人与人的关系。思想巨擘们的目光穿越千年，映照着当代人的生活，而他们所提倡的很多理念，如仁者爱人、自强不息等流传至今，仍旧发挥着重要的影响作用。

（二）百家争鸣的时代背景

在中国历史上，春秋战国时期（公元前 770 年—公元前 221 年）是一个较为复杂的时期。经过夏商周漫长的发展与积累后，到了春秋战国时期，中华文化迎来了前所未有的思想高峰期。

先秦的思想大家及其传承者们数年如一日地研究着当时的社会生活、人伦情感，孜孜不倦地著书阐述自家的天人观、政治观、礼法观，并用切实的行动证实着各自的人生理念和政治主张，由此渐渐构成了较为完整的中国先秦哲学体系。

史学家用"百家争鸣"一词来简述这一时期各学派思想相争的盛况。百家争鸣产生的时代背景，可以从政治、经济、文化等角度展开阐述。

1. 政治上：奴隶制向封建制过渡的时期

春秋时期（公元前 770 年—公元前 476 年）是我国奴隶制向封建制转变的时期，社会处于急速变革的时代，各诸侯国林立纷争。

一方面，周王室的式微及分封制、宗法制的进一步崩塌，彻底拉开了诸侯国争霸的序幕，各国国君求贤若渴，广开言路，积极采用各种思想学说来治理国家、管理百姓乃至改革变法，以促进国家强大。在这种学术氛围下，新的思想学说和学术流派不断涌现。

另一方面，随着社会的发展，奴隶主贵族和新兴封建地主之间的阶级对立也促使思想上百花齐放、百家争鸣局面的形成。

诸侯国中的奴隶主为了攫取更多利益，纷纷开疆拓土，这无形中促进了封建依附关系的产生和发展。而奴隶们不堪忍受残酷的折磨，竞相逃走，有的则揭竿而起，勇敢反抗，在如此内因外果的作用下，奴隶制进一步崩溃，新的封建关系逐渐形成。①

公元前 594 年，鲁国实行"初税亩"制度，随后，另外几大诸侯国也都依据本国国情进行了类似的改革，这些都为新的地主阶级势力的崛起提供了政治保障。旧的奴隶主贵族势力和新兴封建地主势力之间的矛盾越来越激烈，而不同的阶级需要不同的思想学说去佐证自己统治的合法性和合理性，于是代表各阶级、各阶层的思想家都按照自己的政治主张对社会制度、文化等提出了自己的学说。

虽然不同学派的思想家都积极维护本阶级、本学派的利益，但他们与政治附庸有着本质的区别，各大学术流派在激烈的争鸣中也会互相学习和借鉴对方思想的精华之处，这是促成思想进步的重要因素之一。

2. 经济上：铁制农具的出现促进生产力大幅提升

纵观各朝各代，新兴阶级势力的崛起都与社会经济关系的变革和生产力的发展有关。

在奴隶制社会向封建社会过渡的过程中，简陋的木石工具及落后的生产方式越来越难以满足人们日益增长的生产生活需求，青铜农具又由于价值昂贵加上制作工艺较难，无法被大面积使用，这使得社会生产力长期处于较为落后的状态，而铁制农具的出现彻底地

---

① 林晓丹．中国哲学史［M］．北京：煤炭工业出版社，2016：2-3.

改变了这种情况。

春秋时期，铁制农具开始被应用于农业生产领域，加上耕牛的普遍使用，使得整个社会的生产力大大提升。

到了战国时期，随着炼铁技术越来越成熟，铁制农具逐步取代木石农具，被广泛应用于农业生产中。这使得大量荒地被开垦，社会生产效率急速提高。随后，各地出现大量的私田，井田制随之土崩瓦解，封建土地私有制取而代之。①

稳定繁荣的经济是文化发展的基础。春秋战国时期，社会生产力的大幅度提升促进了思想文化的空前繁荣，人类文化史上罕见而珍贵的百家争鸣的局面也因此而出现。

3. 文化上："士"的勃兴

东周末年，各诸侯国雄踞一方，纷纷踏上了争霸的历史道路。在激烈的历史变革中，曾经的"士"阶层发生了巨大变化，比如很多奴隶主贵族沦为平民，与此同时，在新兴地主阶级中出现很多知识分子，极大地扩充了"士"的队伍。

这群古代知识分子大多博览群书，有着远大的政治抱负，同时不乏思辨精神。"士"的勃兴促进了百家争鸣局面的形成。②

① 钱宗范，朱文涛.先秦史十二讲［M］.北京：中国国际广播出版社，2008：118.

② 刘家琳.先秦道家生命思想及其教育价值［D］.青岛：中国海洋大学，2014：8.

40

"士"的勃兴促进私学的形成

在诸侯国争霸的过程中，各诸侯国君主求贤若渴，不少士子在著书立说之余，积极地投身教育，以培养怀有远大抱负的人才为己任，孔子就是其中的典型代表。这种情况下，原先的官学教育体系逐渐被打破，教育彻底走向民间，这便促进了私学的形成。

民间私学中，战国时期的稷下学宫很是有名。它是齐王在齐国都城临淄设立的学宫，齐王招募了很多私学大师在此谈论学术，并对他们礼遇有加，使得整个学宫弥漫着一种浓郁的学术氛围。

二、十大先秦思想流派

《汉书·艺文志》中称，诸子百家中数得上名字的有 189 家，共著有 4324 篇文章。

实际上，在先秦至汉初的所有思想学派中，绝大部分学派的发展情况、代表人物、主要著作等早已淹没在历史的河流中，现今已很难去考据，真正流传至今并持续发挥影响力的不过十几家。

《汉书·艺文志·诸子略》主要罗列了 10 个先秦思想流派，即儒家、道家、阴阳家、法家、名家、墨家、纵横家、杂家、农家、小说家。① 我们可以延续这一思路，简单介绍一下诸子百家的代表流派、人物、著作及主张。

（一）儒家

儒家的代表人物为孔子、孟子、荀子，代表作品为《论语》《孟子》《荀子》等。儒家强调积极入世，追求"修身治国平天下"的崇高理想。

《论语》碑苑

---

① 范世忠.诸子百家说［J］.华夏文化，1998（2）：22.

（二）道家

道家的代表人物为老子、庄子，代表作品为《道德经》《庄子》等。道家认为万物起源于"道"，"道"是宇宙最高真理。道法自然、清静无为是道家的代表性主张，道家强调人要避世修身，并与自然和谐相处。

（三）阴阳家

阴阳家的创始人为邹衍，他是战国末期齐国人，著有《邹子》一书。《史记》对阴阳家的评价是："深观阴阳消息，而作迂怪之变。"阴阳家围绕着"阴阳""五行"这两大学说展开了哲学层面的研究和探讨，留给后人无限的深思。

（四）法家

法家的代表人物有管仲、士匄、吴起、商鞅、乐毅、韩非等，代表作品有《法》《势》《韩非子》等。法家强调行动果决、积极入世，其核心思想在于以法治国。

（五）名家

名家又有"讼者""辩者"之称，代表人物为邓析、公孙龙、惠施等人，主要著作有《惠子》《公孙龙子》。名家是研究自然科学的学派，以周到严谨的逻辑思维和善于辩论的才能而闻名。

管仲雕像

（六）墨家

墨家的创始人为墨翟，这一学派和名家一样，其研究也涉及自然科学领域，代表作品有《墨子》。墨子曾提出"兼爱""非攻""尚同""天志"等主张，在先秦时期产生了巨大的影响，而墨家也一度和儒家并称为"显学"。

（七）纵横家

纵横家的创始人为"谋圣"鬼谷子，代表人物有公孙衍、苏秦、张仪等，代表作品为《鬼谷子》。纵横谋士们堪称是中国最早的外交家，他们主张合纵连横，其言行事迹都被记载于《战国策》。

（八）杂家

杂家的代表人物是战国时期卫国人吕不韦等，其编撰了《吕氏春秋》。杂家有着鲜明的"兼儒墨，合名法"的特点，主张博采众家之长。

（九）农家

农家的代表人物为许行，其奉神农为祖师，主张要辛勤耕作并关注农事生产。

（十）小说家

《汉书·艺文志》上有这样的记载："小说家者流，盖出于稗官；街谈巷语，道听途说者之所造也。"可见，先秦时期的小说家并不是我们惯常思维里的写小说的人，这一学派主要是采集民间的一些传说、故事和老百姓们的议论。

道家思想的主要流派

道家经过持续的发展，在战国时期分化为六大派，即老庄学派、杨朱学派、黄老学派、慎到彭蒙田骈派、老子学派

和宋尹学派。其中，以黄老学派和老庄学派影响力最大。

1. 黄老学派

西汉初年，民生凋敝，为了恢复民生、发展经济，当时的统治者采用道家思想去治理国家，黄老学派于是盛行一时。

2. 老庄学派

在道家思想中，老庄哲学对于后世的影响绵延不绝，老子的"清静无为"，庄子的"天地与我并生，而万物与我为一"，以及其所崇尚的逍遥之境，都深刻地影响了后世文人的人生态度和审美观念，启发一代又一代的思想家探索关于人与人生的深刻命题。

学有所思

1. 百家学说与当时的社会经济有着哪些关系？请举例说明。

2. 春秋战国时期，孔子私学有着最大的规模，产生了较为深远的影响，你能谈谈你对孔子私学的认识吗？

3. 先秦时期，时代变革引发了一场场学术思潮，文士们和思想家、实干家们提出了不同的思想学说，形成了百家争鸣的局面。你能简单介绍先秦十大思想流派的主要思想、代表人物和著作吗？

　　4. 黄老学派与老庄学派同属先秦道家的分支，那么它们之间有着哪些区别？除了上文介绍的内容外，你还知道哪些？

第二节　儒家文化

一、先秦儒家

（一）周公：明德慎罚，敬天保民

周公，即姬旦，周文王姬昌的第四子，儒学先驱，被尊为"元圣"。孔子对周公推崇备至，曾自称是周公思想的继承者。

周公一生中所做的影响最大的事情莫过于"制礼作乐"，这直接奠定了中华礼乐文明的根基。周公的思想主张具体可表现为德治、民本等方面。

1. 德治

周公主张"以德配天""明德慎罚"，鼓励统治者励精图治、公而忘私，坚持以礼为表、以德服人。

2. 民本

周公提出要"敬天保民",这体现了他以民为本的思想。虽然说这一阶段周公的重民思想比较质朴,属于原始阶段,但它为未来民本思想奠定了基础、指明了方向。[①]

(二) 孔子:仁礼结合,有教无类

在儒学发展史上,孔子是难以逾越的一座高山,他的很多思想都有着超越时代、跨越种族的价值和意义。正因如此,孔子才被后人尊奉为"天纵之圣""至圣先师"。

孔子的学说主要体现在"仁""礼""学"等方面。

1. 仁者爱人

孔子思想以"仁""礼"为核心。其中,"仁"的主张展开而言,即仁者爱人。在孔子之前,"仁"字出现在文献中的频率并不高,而孔子丰富、扩展了"仁"字的内涵。孔子强调,"仁"属于道德范畴,而"义""恕"等都被包含在"仁"的范畴之内。所以,《论语》中才强调"君子喻于义,小人喻于利""己所不欲,勿施于人"等观点。[②]

"仁"同时代表了孔子政治上的最高理想。孔子反对暴政,主张统治者要用"仁"的思想去治理国家和管理百姓,并遵循"忠恕"之道,尽量体察民情,倾听民声。

---

① 游唤民. 先秦民本思想 [M]. 长沙:湖南师范大学出版社,1991:17.

② 沈丽霞,郭伟华,赵红梅. 先秦儒家思想的主要特征 [J]. 党史博采(理论版),2010 (5):33.

2. 礼主敬、乐主和

"礼"是"仁"的外在表现和实施手段。从国家层面而言，孔子提倡要延续周礼，坚持"礼乐治国"，礼主敬、乐主和，礼乐结合，才能实现国家的稳定和民族的昌盛。

礼乐同样有其独特的社会教化的功能，孔子希望通过"礼治"去维护社会宗法等级制度、道德规范、规章条文、刑罚准则等。站在人民角度而言，"乐治"能够提高人们的修养，陶冶人们的情操，"礼治"则能约束人们的行为，磨炼人们的心性。

3. 因材施教，学思结合

孔子作为万世师表，一方面极其重视教育，倡导因材施教、有教无类，另一方面呼吁人们好学不倦、学思结合。在教育方面，孔子认为每个人都有受教育的权利，在实施具体的教育方法的时候要根据每个人的天赋、性格特点去进行。

孔子教学雕刻像

　　同时，孔子教导学生要端正态度，勤奋好学，以君子人格作为学习目标，并采取学思结合、学诲结合的多样化学习方法。[①]

（三）孟子：人性本善，以民为本

　　孟子被奉为"亚圣"，他也是儒家思想的标志性人物。孔子、孟子的思想学说被尊为"孔孟之道"，堪称儒家思想的代称。

　　孟子的思想学说可以概括为性善论、义利论、仁政论等。

1. 性善论

　　孟子提倡人性本善，性善论是孟子最为重要的哲学思想。孟子认为，人和动物一样，有着与生俱来的自然属性，但人类并不只是追求生理享受，区别人与动物的，正是人类的恻隐之心、羞恶之心、辞让之心、是非之心。虽然人性本善，但也要经过后天的充实和完善，才能成为有德君子，在乱世中实现自己的理想。

2. 义利论

　　孟子认为"义"指的是以公众的利益为中心，而"利"指的是以个人利益为中心，孟子为奋发图强、忧国忧民的"义"赞叹不已，却反对统治阶级以权谋私。

　　孟子并非完全否定"利"，而是强调，五伦关系间不要涉及"利"，要以"义"作为关系的纽带和主导。而在"义"与"利"产生冲突的时候，选择前者才是君子作风。

---

　　① 刘韶军. 孔子学习思想的内涵及意义［J］. 江苏科技大学学报（社会科学版），2018（3）：5.

3. 仁政论

孟子的仁政论与性善论一脉相承，他要求一国之君首先要宅心仁厚、勤政爱民，才能实现自己的政治抱负。在他看来，天子都应该是有德之人，若天子不施行仁政，反而残暴虐民，就失去了统治老百姓的资格，老百姓有权利反抗他的统治。

（四）荀子：人性本恶，天行有常

荀子在先秦诸子思想的基础上，建立起了一套系统庞大的思想体系，他以孔子的继承人自居，认为孔子的思想才是治国之道。

荀子的主要思想观点有性恶论、天人观等。

1. 性恶论

《荀子·性恶》中说："人之性恶，其善者伪也。"荀子认为人性本恶，人的情感、欲望是与生俱来的，亦是"性"的外在表现。在荀子生存的年代，各国间征伐不断，物质匮乏，人的欲望也被外在环境进一步催化，正因人性本恶，才要实行"礼治"和"法治"。

2. 天人观

荀子在自己的著作《天论》中详细地阐述了自然与人、天与人之间的关系。他强调"天行有常""制天命而用之"，也就是说，人在所谓的命运面前，要充分发挥自己的主观能动性，去征服天命，让天命为自己所用。

二、宋明理学

在秦统一六国的时代，先秦诸子百家争鸣的局面已成为历史，秦朝更为崇尚法家。而到了西汉，董仲舒"罢黜百家，独尊儒术"的治国思想的提出，则确定了儒学主流思想的地位。

发展至东汉末年，风云变幻、连年战乱，使得人们对儒学思想产生怀疑，儒家独尊的地位也被打破。

到了宋代、明代，理学的兴起使得儒学再一次迎来新的高峰，其是以儒学意识形态为基础，在唯心主义哲学层面上的一次探索和发扬。宋明理学打破了传统儒学专门服务于统治阶级的桎梏和局限，在推广儒学使其成为全民族文化共识的道路上取得了重大突破。一方面，宋明理学实现了对传统儒学的继承，另一方面，宋明理学弥补了传统儒学在主观意识和思维层面上的缺憾，而在此前，中国人的意识形态与哲学思维基本依赖于宗教文化。

宋明理学主要分为道学和心学两大学派，讨论的范围包括人性、教育、修养、治国，以及知行、致用等，为中国人处世哲学的形成奠定了基础。

（一）道学派的基本理论

道学派以周敦颐、程颢、程颐、朱熹等人为代表。作为儒学的崭新形态，道学派是对传统儒学的"理化"，是以人性作为逻辑基础，对传统儒学所涉及的"治统"进行的一次全面重构。从统治阶级的角度看，道学派更加符合统治阶级的利益，所以也有人认为，道学派给儒家神权和王权的合法性提供了新的依据。从

53

这里开始，人格对于"道统"的驱动逐渐取代了以往的天命观，这是中国哲学与文化以及中国人意识形态的一次重大飞跃。

道学派主张知而后行，乃至知而不行，认为人应该修心守节，"遏人欲而存天理"，而这一切约束，更多地指向那些在社会中占有优势地位的有权阶级。

（二）心学派的不同观点

心学派又叫陆王派，主要代表人物是陆九渊和王守仁。心学与道学的一致之处在于，二者都是对传统儒学的一次统筹。然而，在实现途径与角度上，两家学派却有着重要的区别，甚至大相径庭。

心学派认为人的心性就是天性，外物的一切定义和属性都源于人的认知，提出心即物、心即理的思想。在心学的理念下，天理不是从一开始就存在的，而是因为有了人的良知，才有了天理。因此，心学派推崇"知行合一"的处世观，这便与程朱主张的先知后行或知而不行有了一定的分歧。

◧ 学有所思 ◨

1. 分别谈谈你对周公、孔子、孟子、荀子的主要思想的理解。

2. 孟子提出性善论，荀子则坚持性恶论，你能简单说明这两种学说之间的区别和联系吗？

3. 从先秦儒家到宋明理学，儒学的基本内涵发生了哪些方面的变化？

4. 有人将程朱学派的思想基础称为"本物"，而将陆王学派的思想基础称为"本心"，在你看来，程朱学派和陆王学派有着哪些相同点和不同点？

第三节　道教文化

一、道教的起源

道教形成于东汉末年，至今已无法清晰地考据其源流。但其建教思想大致源于以下两个方面。

一是源于黄老道家的相关学说。汉武帝时，黄老学说的政治主流地位被儒家思想所替代，在退出政治舞台的过程中，其与神仙方术相结合，慢慢衍生出大量养生、保健方面的内容，这深深影响了道教的创立。

二是与远古时代的巫术、鬼神幻想及崇拜有着很大关联。道教独特的神仙体系就源于此。

二、道教的创立与发展

（一）道教的创立

东汉时期，道教被称为"黄老道"，此时，其并未有科学系统的教义及严密的组织，慢慢发展至东汉末年，才形成正式的宗教。在"黄老道"内部，又有不同的分支，其中以农民起义军领袖张角创立的"太平道"和张陵创立的"五斗米教"为代表。

太平道诸人组织的黄巾起义最终以失败结尾，太平道渐渐消失匿迹。与此同时，"五斗米教"（又称为天师道）却渐渐发展壮大，并形成早期道教。

（二）道教的发展与演变

天师道以老子的《道德经》为基本教旨，获得广泛拥护。其第三代天师为东汉末年雄踞一方的张鲁，后者在汉中建立政教合一的政权，将早期道教进一步发扬光大。

发展至南北朝时，由于天师道在战乱中渐渐失去严格的组织管理，教内有识之士提出要重新梳理教义，整顿和改革天师道，代表人物有北朝道士寇谦之、南朝道士陆修静。他们所提出的种种理论、学说和举措一定程度上实现了道教的复兴。

发展至隋唐，道教进入扩张期。以江西龙虎山为中心的天师道教众济济，盛行一时。这一时期的天师道有着越发丰富的教义，并受到朝野瞩目，唐代甚至将道教定为国教。

宋代以后，道教持续演变发展。经过宋元，到了明代，道教进一步向着世俗化发展，而明朝君主也给予历代天师道教主特殊的善待与礼遇。在天师道四十三代天师张宇初等人的努力下，天师道的内在教义、精神越发系统全面，其一方面传承了老庄思想，注重身心修炼，另一方面致力于规范教徒的言行思想。

知识拓展

道教的名山宫观

宫观是道家人进行修炼、传道、生活的地方，又称为道观。宫观一般依山而建，坐落有序，这是因为古代的修道者崇尚得道成仙，而古人将名山视作仙人飞升或下凡之所，富于灵气。我国的著名宫观有白云观（北京西城）、紫霄宫（武当山）等。此外，道教有"洞天福地"之说，因历史上许多名道以洞穴或其他住所代替修行的宫观进行修行而闻名。

1. 北京白云观

白云观位于北京西城区，初建于唐开元年间。白云观中古木参天，景色优美，殿内布满道教图案，别具特色，令人流连忘返。

2. 武当山紫霄宫

武当山紫霄宫位于湖北省武当山，其属于明代宫观建筑，保存良好。这些古代建筑群体现了高超的建筑工艺，具有良好的艺术欣赏价值和重要的科研价值。

北京白云观

湖北武当山紫霄宫

三、道家与道教的区别

虽然道教的兴起与发展是建立在道家思想的基础上的，但我们不可将道家与道教混为一谈，两者有着明显的区别。

第一，道家与道教创立的年代、创始人不同。道家创始人为老子，其在春秋末年初步确定了道家的思想体系。而老子的经典著作《道德经》的问世，标志着道家思想的成熟。道教形成于东汉末年，学界普遍认为，道教的创始人为东汉丰县（今江苏徐州丰县）人张陵。

第二，道教与道家存在的方式不同。今人普遍认为，道家是哲学流派，只存在于思想意识领域；道教是宗教流派，在现实生活中有着固定的组织系统。道家单纯传播思想，道教却和其他宗教一样，有着数量众多的教徒，有着一系列日常活动，比如炼丹、占卜等。

第三，道家与道教的人生追求不同，集中体现于生死观上。道家尊崇天道，在探索"道"的过程中感受天地万物的运行规律，无论是老子还是庄子，对于人之生死都抱着一种豁达、达观的态度。而道教虽也以"道"为目标，追求的却是"得道升仙"，即从生理上脱离凡尘，长生不死，这是道教最核心的信仰。

━━━━━━━━━━━━ 学有所思 ━━━━━━━━━━━━

1. 道教作为我国本土化宗教，经历了漫长的发展过程，你能用自己的语言说一说道教的起源、创立与发展过程吗？

2. 生活中，你去过哪些道观？结合自己的所见所闻谈谈你对道观的认识，说一说其具有哪些特点。

3. 很多人将道家与道教混为一谈，乃至认为老子是道教的创始人，这是错误的认识。你能清楚地阐述何谓道家，何谓道教吗？

4. "所有民族的文化，都是从宗教开始的。"你如何理解这句话？请用自己的语言阐述宗教与文化之间的关系。

第四节　佛教文化

一、佛教在中国的发展

佛教是世界三大宗教之一。佛教虽然不是中国本土宗教，但是自佛教传入中国后，其便随中国历史沉浮，教义和表现形式也随之发生变化。在中国化的道路上，佛教越行越远，甚至成为研究中国古代文化的一把"钥匙"。

（一）翻经译典，逐步发展

两汉时期，佛教从印度传入中国，在很长的时间内，其只流传于贵族之间，民间对其知之甚少。到东汉末年，佛教开始适应那一时期的中国政治经济制度和社会思想文化，在民间流传开来。

在这一过程中，不断有外邦僧人前来中国传教。根据后世考据可知，东汉时期，最主要的佛事活动为翻译佛家经书典籍。学界普遍认为，最早被翻译出来的佛经是《四十二章经》一卷，由中天竺人迦叶摩腾、竺法兰共同翻译。

白马寺

而在此方面，最早来华的外籍僧人安世高成果显著，他第一个翻译了小乘佛教经典，使得小乘佛教在中国境内最先流行起来。

三国时期，佛经翻译家支谦翻译大小乘佛经数十部，如《大明度无极经》《维摩诘经》《大阿弥陀经》《本业经》等。支谦的译文通俗简练，语句豁达顺畅，便于理解，他所翻译的佛经更有利于佛教教义的本土化传播。

此后，随着佛教在民间的影响力越来越大，对于西域佛教经典的翻译也变得越来越普遍，其中的著名译师有东晋十六国时期的高僧释道安、鸠摩罗什，中天竺人求那跋陀罗，北天竺人菩提流支等。

佛教经典翻译的三个阶段

我国对佛教经典的翻译大致经历了三个阶段：①

第一个阶段主要倚仗西域僧人，但受语言、文化的限制，西域僧人在翻译梵语佛经时，并不是逐字逐句地解释经文含义，而是直接将经文音译成汉语。当时的文人在阅读佛经时，很容易对佛教教义产生误解，这严重阻碍了佛教的本土化发展。

第二个阶段告别了初始阶段的直译、音译，而是在理解经文大致含义的基础上与本土思想文化相结合，从而翻译出更通俗易懂、符合国人思考习惯的经文。这一时期，中国僧人在远赴西域求法后，也加入译经队伍中，比如东晋高僧法显。

第三个阶段则更进一步，这一时期的佛经翻译不仅忠于原文，还兼顾语言美感。从佛经的翻译水平来看，这一时期的佛学发展也到达顶峰，代表人物有唐朝高僧玄奘。

（二）名僧辈出，开宗创派

佛教经典的翻译为佛教教义的传播提供了理论保障，我国东晋

---

① 潘晓凡．对于佛教在中国传播过程中的几个问题的浅析［J］．黑龙江史志，2010（1）：144.

时已出现佛学学派，这标志着佛教走上了中国化的道路。发展至隋唐时期，佛教进入了空前的繁盛期，名僧辈出，宗派盛行。

其中的代表宗派有三论宗、法相宗、天台宗、禅宗、律宗等。

1. 三论宗

三论宗的实际创始人为隋唐僧人吉藏。在中国佛教宗派发展过程中，三论宗是最早形成的宗派之一，其主要立宗依据为佛学经典《中论》《百论》《十二门论》等。[①]

2. 法相宗

法相宗又称为唯识宗、慈恩宗，由唐代高僧玄奘和其弟子窥基创立。法相宗的理论依据为玄奘翻译的《成唯识论》。玄奘曾西行求法，往返数万里，历时 17 年，最终在佛教的发源地印度求取真经 600 余部，又经过 15 年的努力，翻译得出 75 部经论，《成唯识论》便是其中之一。在佛教的各大宗派中，法相宗是最接近科学的一脉。

3. 天台宗

天台宗初创于隋唐，源流最早可以追溯到南北朝时期。天台宗得名于创始人智顗大师的住所天台山。天台宗是佛教诸宗中理论体系最为严谨的一脉。此外，在与我国传统文化融合方面，天台宗佛学引入儒家《中庸》的思想，构建出具有我国人文特色的学说体系，甚至为宋明理学的发展奠定了一定的基础。在文学方面，天台宗的诗僧为我国的诗文历史留下了浓墨重彩的一笔。

---

① 华方田.中国佛教宗派——三论宗［J］.佛教文化，2005（2）：13.

4. 禅宗

禅宗是我国最为典型的佛教宗派，也最能体现我国的佛教特色。禅宗主张用禅修代替一切修行，注重明心见性，顿悟成佛。"三论"通达于哲学，"唯识"接近于科学，"天台"善于通过文学来表达僧侣们禅悟的体验，唯有注重修心的禅宗，是最接近于佛学智慧的宗派。

5. 律宗

顾名思义，律宗是以佛教戒律为修习重点。律宗所涉及的戒律，部分源于印度的小乘戒律（如声闻戒），部分源于我国和西域的大成戒律。戒律修行，一方面得益于统治阶级的大力推崇，另一方面受到天台宗的大力弘扬，得以广泛推广和流传。律宗主张以戒修身，而这样的主张遍布其他各宗，可以说是各宗修行的基础，所以说佛教的各大宗派并无境界上的高低之分，只是修行途径有所区别，对佛法理解的角度不一样而已。

（三）走向式微，教禅合一

进入宋朝以后，佛教虽然已深深渗入中国传统文化之中，成为其不可分割的一部分，但由于其在教义、理论上少见创新，佛学文化发展亦陷入了停滞期。加上宋明理学拥趸者的呼声越来越高，即便禅宗和净土宗始终较为兴盛，佛教整体亦不可避免地逐渐走上衰落之路。与此同时，禅宗和净土宗的盛行也使得佛教文化呈现出教禅合一的趋势。

二、佛教与儒家、道家的关系

自佛教传入中国，在其发展壮大的过程中，一直受到中国本土思想文化的冲击和影响，其中属儒家、道家对佛教的影响最大。在历史朝代更迭及学术思想演变的过程中，儒佛道三教既有教义上的冲突碰撞，又有相互间的交融渗透，最终形成了儒学为主，佛学、道学为辅的基本格局。[①]

佛教与儒家、道家的关系演变大致经历了以下几个阶段。

第一，展现出一定的儒化、道化倾向。佛教在翻经译典的过程中，对于儒学、道学采取的是不同的态度。对于当时的社会主流儒学，佛教展现出包容、温和的一面，乃至在汉译佛经中引入儒学的相关内容阐释教义，这是为了更好地传播发展。对于道学，佛教一方面推崇老子之道，并借助黄老道术传播佛教教义，另一方面却对道教盛行的长生方术等持反对态度。

第二，初步融合。到了魏晋南北朝，虽然儒家展现出明显的反佛倾向，佛教与儒家、道家的关系却有了初步融合的迹象。尤其是魏晋玄学[②]的兴盛，使得儒道思想相互交融，而佛教对儒道的主动迎合，也使得这一阶段佛学的精神内涵更靠近本土思想文化。

第三，"三教鼎立"，互相影响，共同发展。儒道佛三家发展至隋唐，形成了三教鼎立的崭新局面，这与当时强盛的国力及包容开明的文化风气息息相关。

---

① 洪修平．隋唐儒佛道三教关系及其学术影响［J］．南京大学学报，2003（6）：137.

② 魏晋时代极为流行的思想风潮，其思想学说展现出强烈的儒道兼容的倾向，代表人物有嵇康、阮籍、陶渊明等。

第四，"三教合一"，儒家为主，佛道为辅。到了宋代，理学的出现使得儒家迎来了发展的新高峰，三教鼎立的格局也随之被打破，转而被"三教合一"的思潮所取代。而这一思潮延绵千年，其对中国社会、思想文化的影响是极为广泛而深刻的。

学有所思

1. 佛教在中国经历了怎样的发展过程？你能结合不同的历史时代背景简要阐述吗？

2. 佛教在不同的历史发展时期对儒家和道家展现出了不同的态度，请结合历史背景分析不同态度背后的深层次原因。

3. 佛教之所以能与我国文化融合发展，原因之一在于佛教的某些教义恰恰印证了我国传统文化中的某些观点。请问佛教与我国传统文化有哪些不谋而合的地方？

4. 有人说佛道本是一家，请谈谈你对这句话的理解。

温故知新

识记诸子百家的相关知识，感受其博大精深、震古烁今的思想文化内蕴，了解百家争鸣的时代背景。

了解先秦儒家、宋明理学的代表人物、学派及观点。探究以黄老学派、老庄学派为代表的道家不同的思想学派在特定的历史背景下的影响价值，了解道教的起源、创立与发展。探究佛教在中国的发展历程，以及佛教与儒家、道家的关系演变。

中华文化绵延向前、生生不息，而其文化内核之一为复杂深邃、绚烂无比的先秦诸子思想，其中儒家、道家是中国古代两大哲学思想流派，可以说，它们对于中国人的影响是方方面面的。而古代两大宗教道教和佛教的影响也是广泛而深远的，中国古代的哲学思想和宗教思想相辅相成、互相影响，共同构成了传统文化的丰富内涵并促进了其发展。你能结合现实情况，谈一谈儒家、道家和佛教的发展现状及儒道佛三家与中国当代文化的联系吗？

69

第三章

礼仪文化

中国，作为一个有着五千年历史的文明古国，最注重礼仪习俗。从古代起，我们的祖先就提出了"以礼治国"的高见，所以中国素来有"礼仪之邦"的美誉。

"礼"一字，有很多含义。《说文解字》："礼，履也。所以事神致福也。"礼指的是礼仪，即人的言行规范与准则，"礼，履也"指的是就像人走路时要穿鞋子一样，人们行事时也要遵照一定的礼制，其目的是敬神以礼，求得赐福。《大戴礼记·本命》："冠、婚、朝、聘、丧、祭、宾主、乡饮酒、军旅，此之谓九礼也。"这里的礼具体指的是礼仪，这句话总结了礼仪的种类和形式，并表明在不同的场合，礼仪有不同的表现形式和特征。

从古至今，"礼"一直是中国人十分看重的传统文化之一，而"礼"文化也体现在人们的日常生活、人生大事以及社交沟通等方方面面。

【文化要点】

✻ 理解礼仪的含义，了解古人日常坐立行走、宴饮、拜贺庆吊等基本生活礼仪。

✻ 了解中国古代婚丧、祭祀的礼仪与习俗。

✻ 了解中国传统的社交礼仪。

✻ 领悟中国优良传统，传承中国礼仪文化。

第一节　日常礼仪

一、坐立行走礼仪

礼仪，指的是人们在日常生活以及社会交往中应该遵循的行为规范。在古代，人们将"圣贤"作为仰慕的对象，希望在德行上能够向圣贤看齐，在日常生活以及行事中都保持着个人的高尚德行，而个人礼仪就被看作衡量个人德行的标准之一。其中，坐立行走的礼仪就是个人日常礼仪中非常重要的一项。

（一）坐

古人讲究"坐有坐相"，"坐"的礼仪也是十分有讲究的，坐的姿势主要有正坐、胡坐与箕踞。

1. 正坐

正坐，即席地而坐，又称跨鹤坐、跽坐、跪坐，是古代汉族人

的一种居坐方式。坐时，两膝盖跪地，脚背朝下贴地，臀部自然地落在脚踝处，上身挺直。至于双手，男子在正坐时须双手自然地放在双膝之上；女子则须双手交叉而握，放于身体前方。

席地而坐起源于原始社会，古人择地而卧，席地而坐。后来，经过夏商周、春秋战国、秦汉、魏晋南北朝、隋唐几千年的发展与演变，逐渐形成了与之相关的各种礼仪，直到宋朝才被取代。朱熹就写过："古人之坐者，两膝着地，因反其跖而坐于其上。"

正坐，是宋朝以前正式场合最符合礼仪规范的坐姿。春秋时期，人的身体之"正"与内心之"中"是儒家最看重的，他们认为这一"正"一"中"是君子表里如一的象征。《荀子·修身》中有云："礼者，所以正身也。"孔子在将死之际，自知将死，于是"当户而坐"，用的就是正坐的坐姿。可以说，在古代，正坐是最符合礼仪规范、体现恭敬待人之心的一种坐法。

2. 胡坐

胡坐，与北方游牧民族（胡人）有关。胡人坐胡床，足垂交叉，交胫而坐，类似于现代人"坐在椅子上，两小腿交叉"的坐法。

在魏晋南北朝时期，少数民族使用的椅子传入中原，他们这种坐在椅子上的坐姿也被称为"胡坐"，慢慢被汉人所采用，逐渐流行开来。

在唐朝，虽然"正坐"依旧是正规的居坐礼仪，但"胡坐"已经开始在社会上流行了。到了宋朝，"胡坐"取代正坐，成为人们日常生活中普遍使用的一种坐姿，但在一些重大的礼仪场合，人们还是会使用"正坐"姿势。

3. 箕踞

箕踞，即两脚分开向前伸直，将臀部直接坐在地上，看上去像簸箕一样，所以又称为"箕坐"。《庄周·庄子妻死》中就有记载：
"庄子妻死，惠子吊之，庄子则方箕踞鼓盆而歌。"

在古代，箕踞是非常无礼、没有涵养的一种坐姿，是轻慢傲视、侮辱对方的一种姿态。战国时，孟子进房间看见妻子箕坐，认为其十分无礼，要休妻，幸得母亲劝阻，才意识到是自己进入房间之前没有"问孰存"，才看到妻子箕踞而坐的姿态，是自己无礼。《荆轲刺秦王》中称："轲自知事不就，倚柱而笑，箕踞以骂。"说的是荆轲自知刺杀失败，必死无疑，所以就倚着柱子大笑，箕踞而坐破口大骂，以表达自己对秦王的愤恨和鄙视。

（二）立

在先秦的一些古籍著作中就已经有了对立姿的记载，但当时尚未形成礼仪规范，只要求"立端正"。比如，《礼记·曲礼》中就有记载："立毋跛"，即站立时不能将重力都压在一只脚上而使身体歪斜；"立不中门"，即站立时不要堵在门中间；"立必正方，不倾听"，即站立时身体要端端正正，听对方讲话时不能倾斜着身子。

汉朝时期，儒学迎来了历史上的第一个发展高峰期，人们对个人礼仪的研究也变得更加具体翔实。西汉时期著名的文学家贾谊就在其著作《新书》中，将站相立容分为四种〔经立、共（恭）立、肃立和卑立〕，系统阐述了站姿礼仪："固颐正视，平肩正背，臂如抱鼓。足闲二寸，端面摄缨。端股整足，体不摇肘，曰经立；因以微磬曰共立；因以磬折曰肃立；因以垂佩曰卑立。"

经立，即面庞端正目视前方，两肩高低平衡，背部自然挺直，双手相合臂如抱鼓状。两脚直立间隔二寸，收敛面部表情，整理帽缨。臀部端正，肢体不摇动。

共立，即在"经立"的基础上微微倾斜上身。

肃立，即在"经立"的基础上弯折上身如磬背一般。磬，是古代一种常见的打击乐器，一般是用玉制成的。西周以后，磬开始被制作成弯折的形状，《周礼·考工记》中描述磬弯曲的角度为"倨句一矩有半"（一矩为 90°）。因此，在肃立时，人的上半身需弯折一矩半（135°）左右。这是非常恭敬谦虚的一种站姿，如果不是觐见皇帝、王亲贵族或长辈，是不用使用这种站姿的。

卑立，即弯腰而立。古人会在衣带佩戴玉佩或者香包之类的饰物，卑立时，弯腰的角度需将玉佩都垂到地上才可以。这是极为恭谨谦卑的一种站姿。

（三）行

古人行走时需从容，称为"步从容"。即走路时步调要不急不缓，从容大方；人的身体也要挺拔直立，目视前方。此外，在不同情况下，行走的礼仪也是不同的。

见到长辈时要"行必趋"，就是要快步走上前去，以表示对长辈的尊重；从长辈身边离开时要"退必迟"，即慢步退出离开，以表示对长辈的敬重和不舍；行到转弯处要"宽转弯，勿触棱"，说的是在拐弯处行走的角度要大一些，以避免触碰到棱角。此外，还有"入虚室，如有人"，即在进入空房间的时候，也要像进入有人的房间一样，不能随意走动，也不能随意触碰屋内的东西。

二、宴饮礼仪

宴饮礼仪也是古人日常生活中的一项重要礼仪，达官贵人、高门显族的宴饮，不仅是为了满足味蕾，也是一种重要的社交方式。古代的宴饮礼仪也自有一套程序和讲究。

宴饮礼仪起源于周朝。当时的祭祀仪典十分隆重，人们需要准备精美的礼器以盛放丰盛的祭品，然后奏乐歌唱，顶礼膜拜。祭祀仪式之后，人们会聚在一起把祭品分而食之，这就是宴饮的雏形。到了西周时期，周公制礼作乐，将宴饮与祭祀分开，设置宴饮之法，规定人们在宴饮之时需要遵从宴饮礼仪。

在古代，传统的汉族宴饮礼仪十分繁杂。每逢宴饮，主人会提前写请帖相邀宾客。到宴饮当天，主人会在门口亲自迎接宾客入府，相见时双方相互问候，再由仆人引领客人至客厅小坐，享用茶点。等到客人都到齐之后，主人再请客人入席。席中，主人先敬酒致意，客人再回敬以表示感谢。宴饮结束，主人再引客人到客厅小坐片刻，喝茶闲聊，最后再亲自送别宾客。

宴席间的座位和朝向也是十分有讲究的。北方为"乾"，也就是"天"，所以古人以坐北朝南为尊，这个座位是餐桌的上首，一般是尊客所坐的位置；其次为坐东朝西；再次为坐西朝东；坐南朝北是最次的位置，是餐桌的下首，一般是主人坐的位置。

席间，斟酒上菜的顺序也有一套礼仪。《礼记》中对此就有记载："凡进食之礼，左殽右胾，食居人之左，羹居人之右。脍炙处外，醯酱处内，葱渫处末，酒浆处右。"即上菜时，要将带骨头的肉放在纯肉的左边，食物需放至用餐之人的左方，汤羹之类则放至用餐之人的右方。蘸酱等调味品放在前方，放葱末的碟子可以放在远处，酒水则置于右边。

三、拜贺庆吊之礼

（一）拜贺之礼

每逢重要节庆（比如过年），人们会行拜贺之礼，一般是晚辈向长辈或地位低的人向地位高的人行敬礼（一般是叩拜之礼），同辈之间也有相互的拜贺之礼（一般行揖礼）。行拜贺之礼时，行礼之人要态度恭谨，要一边行礼一边说贺词，通常情况下还要带上贺礼。

在古代，拜贺之人不可随意上门，需送上"投刺"以表明来访者的身份并告知上门拜贺的时间。"投刺"之礼起源于汉朝，在唐宋时期被称为"门状"，到了明清则叫作"红单"，随后又逐渐演变成"拜帖""名帖"。

在宋朝以前，每逢年节，人们都要相互上门拜贺。至宋朝，士大夫们为了节省时间，又不想失了礼节，就用互递"门状"的方式来相互拜贺，于是就产生了"贺帖""贺年帖"之说。为了显示庄重与尊敬，"贺帖"还需要用锦盒装起来，这种锦盒就被称为"拜盒"或"拜匣"。

（二）庆吊之礼

"庆"即庆贺，多用于庆贺人生大事，比如寿诞宴请、乔迁之喜、娶亲嫁女等。宾客至主家庆贺，通常会携带贺礼，同时行礼表示对主人的祝贺之情。

"吊"即吊唁。每逢丧事，客人至主家行吊唁之礼，以表对逝世之人的哀思以及对主家的安慰之情。

知识拓展

诞生礼

在古代，诞生礼也是一种重要的日常礼仪，主要有"满月礼"和"周岁礼"两种。

　　1. 满月礼。婴儿在满月当天要办"满月酒"，请亲朋好友相聚于家中，共同为婴儿送上祝福。前来祝贺的亲友都会带着各种各样的贺礼，一般是小孩子的衣物、鞋帽、金银饰品等，祝福婴儿能够健康成长。

　　2. 周岁礼。"抓周"是孩子满一周岁时要遵循的重要礼仪。在孩子周岁的时候，家人会在桌子上或地上摆上一些象征着不同职业的物品，让孩子自己去拿，以此来预判他将来可能从事的职业或志趣。比如，抓到铜钱预示着孩子将来可能会经商或大富大贵；抓到书本预示着孩子可能会成为文人、教书先生或科举高中。抓周的习俗一直沿袭至今日，只是供孩子抓取的物品有所不同。

四、成年礼

　　古代，一个人成年的标志则是"成年礼"。举行了成年礼，就意味着男子或女子已经成年，可以成家立业、自立门户了。

　　中国幅员辽阔，不同地区和民族的成年礼也不尽相同，而在历史发展的长河中，有些民族的成年礼已经慢慢退出了人们的生活，有些则一直延续至今。

　　在古代，男子的成年礼叫作"弱冠之礼"，女子的成年礼叫作"及笄之礼"。"冠"是帽子，"弱冠"就是束发戴冠，即把头发扎起来戴上帽子，举行完弱冠之礼的男子就正式成为家庭成员，可以参加家庭的各种决策了。"笄"是古代女子戴的簪子。"及笄"就是束发戴簪，即把头发扎起来梳成发髻，戴上簪子，意味着女子已经长大成人，可以出嫁。古人认为，男子在二十岁、女子在十五六岁

79

的时候身体已经发育成熟，这时就会给他们举行成人礼。①

　　经过两千多年的延续，今天在大部分地区已经看不到这样的成年礼仪了，但是在南方的一些地区，成年礼依然存在。比如，在泉州地区，男子、女子的成年礼会与婚礼一起举行。作为婚礼中的一部分，冠礼和笄礼的仪式也简化了很多。在婚礼当天的早晨，男女双方会各请一位长寿的长者，在新郎和新娘的头上用木梳象征性地梳三下就可以了，当地人将这一礼仪称为"上头"。②

学有所思

　　1. 不同民族的成年礼也不尽相同，比如彝族为少女举行的成年礼是"换裙"仪式，就是将童年穿的裙子脱下来，换成成年人穿的裙子，跟古代女子的及笄之礼有异曲同工之妙。此外，你还知道哪些民族独特的成年礼呢？

　　2. 当今社会也有拜贺庆吊之礼，如晚辈给长辈拜年、参加婚礼祝福新人、长辈寿诞送上贺礼等，除此之外，你还能想到日常生活中的哪些拜贺庆吊之礼呢？

　　3. 古人非常重视日常礼仪，作为礼仪之邦的华夏子孙，我们今天在日常生活中，应该重视和注意哪些礼仪呢？

　　4. 古人说："立不中门""立必正，不倾听"，这要求人们在站立时要遵循什么礼仪呢？

---

① 骆文伟. 中国传统文化概论［M］. 北京：清华大学出版社，2019：98.
② 苗广娜，吴雁，刘怡涵. 中国民俗文化［M］. 成都：电子科技大学出版社，2014：99.

第二节　婚丧与祭祀礼仪

一、结婚礼仪

无论在古代还是现代，结婚一直是人们一生中意义重大的一件事情。当今社会，讲究恋爱自由、婚姻合法。在古代，结婚讲究父母之命、媒妁之言，结婚的礼仪也繁多。

（一）父母之命，媒妁之言

在一些朝代，人们的婚姻通常都是由父母一手包办的，也就是所谓的"父母之命"。很多新婚夫妇可能在结婚当天才第一次见面，结婚之前实则是两个陌生人。而在某些朝代，婚事都是由媒人促成的，也就是无媒不成婚。《诗经·卫风·氓》中说："匪我愆期，子无良媒。"意思就是：不是我故意拖延婚期，不肯嫁给你，实在是因为你还没有找好媒人来说媒。

周代以前，婚嫁是不讲究媒妁之言的，通常是"男女杂游，不媒不聘"。到了周代以后，随着婚嫁礼仪的制定，由媒人做媒的"议婚"礼仪才随之出现，而后逐渐演变成了"取（娶）妻如之何？匪（非）媒不得"。[①]

（二）自西周而成的成婚礼仪

早在西周时，中原地区（汉族）就制定了一套成熟且固定的婚礼礼仪，称为"聘六礼"。根据《仪礼·士昏礼》的记载，聘六礼为：纳彩、问名、纳吉、纳征、请期、亲迎。

1. 纳彩

纳彩是聘六礼中的首礼，指的是男方家聘请媒人到女方家里去提亲，如果女方答应了这门亲事，那男方就可以准备彩礼正式向女方求婚了。

2. 问名

纳彩之后就是问名了。古人相信"生辰八字"之说，问名就是指男方家托媒人询问女方的生辰八字，以占卜吉凶。如果男方和女方的八字相合，都可以准备下一步了，如果不相合，那这门婚事可就谈不成了。

3. 纳吉

问名之后，若男女方的八字相合，男方家里就会将占卜的结果告知女方，并送去礼单要求正式商定婚事与婚期，这就是纳吉，类

---

① 朱筱新．中国古代的婚礼与习俗［J］．百科知识，2012（11）：54.

似于现代的"订婚"。

4. 纳征

纳征就是男方将准备的聘礼送到女方家中。各朝各代纳征的聘礼不尽相同，民间准备的聘礼多为金银首饰、布料等，相当于今天的彩礼。

5. 请期

送完聘礼之后，男方会请人到女方家中告知迎娶新娘的具体日子，谓之请期。

6. 亲迎

亲迎就是新郎迎娶新娘的礼仪，也是六礼中的最后一礼，也称为"迎亲"。亲迎当日，新郎要亲自前往新娘家将新娘接回自己家中完成婚礼。新娘的父亲会在大门口亲自相迎新郎，引之入室内。[①] 新娘向自己的父母行礼之后，随新郎一起离开娘家。

宴席期间，新人还要举行"同牢"与"合卺"之仪。"牢"指的是古代祭祀用的猪、牛、羊，也就是祭祀的肉食，在席间新郎、新娘共同食用这些肉食，这就是"同牢"之仪，预示着夫妻双方此后要共同生活了。"卺"是一个葫芦分成两半而做成的瓢，"合卺"之仪就是新郎、新娘各拿一个瓢饮酒漱口，象征着这对新人相亲相爱、合为一家。而后，"合卺"之仪逐渐演变成今日的"交杯酒"。

婚礼后的第二天，新媳妇要向公婆进献枣、栗、腶脩（捣碎加以姜桂的干肉）以表示敬重，这就是"见舅姑之仪"。到后世，这个礼仪逐渐演变成敬茶之仪。

---

① 朱筱新. 中国古代的婚礼与习俗［J］. 百科知识，2012（11）：54.

按照周朝的礼仪规定，"聘六礼"必须全部完成，婚姻关系才算正式建立起来了。

（三）唐以后的成婚礼仪

隋唐时代，西周时传承下来的"聘六礼"被基本保留了下来，但是，随着中原与周边民族的关系日益紧密，一些北方游牧民族的成婚礼仪也被中原地区所采纳，所以婚礼也发生了一定形式的改变。

在唐代，举行"亲迎"之礼时，新郎不再是一人前往新娘家接亲，需要有傧相（替主人接引宾客和赞礼的人）相陪。在新娘家的门前，新娘的家人还要戏弄甚至阻拦新郎一番，这称作"下婿"。之后，新郎需在新娘的门外咏诗催妆，新娘才会起身走出房间。离开娘家时，新娘的父母要将"皂罗"（即后世的盖头）盖在新娘的头上，并为新娘赠祝福之语。[①]

婚礼仪典上，新郎、新娘行"交拜"之仪，就是俗称的"拜堂"。一拜苍天大地，二拜父母高堂，第三拜则是夫妻对拜。此后，婚礼上的"交拜"之仪世代相传。"交拜"之后新人同样要举行"同牢"与"合卺"之仪。

到了宋代，婚礼得到了极大的简化，只剩下纳采、纳吉、纳征、亲迎四礼。但是，在这四礼中又增添了一些新的礼仪。

在宋代的"纳采"之礼中，"凡娶媳妇，先起草帖子"，即用写"帖子"的方式，让媒人帮忙传递消息，以供男女方两家人了解对方的情况。主要包括：家庭成员的基本情况、家里三代以内家人的名字、官职，嫁娶者的官职、地位、辈分、生辰八字等。如果两家人都觉得对方不错，在彼此允许的情况下，再写"细帖"，也称为"定帖"。定贴的内容主要为男方彩礼以及女方嫁妆的明细。只有两

---

① 朱筱新．中国古代的婚礼与习俗［J］．百科知识，2012（11）：54．

家人互换"细帖"之后，这门亲事才算正式确定。

宋代的婚礼仪典也有一些新的改变。一对新人在拜堂之后，新郎、新娘需各自拿着"牵巾"（中间挽扎有花扣的彩缎）的一端，由新郎牵引着新娘进入堂屋。到堂屋之内，新郎会用秤或机杼挑开新娘的盖头，一睹新娘的芳容。之后，再由新娘拉着"牵巾"牵引新郎进入新房。

进入新房之后，新郎和新娘还要举行"坐床"之礼。家人会在新郎的头左侧和新娘的头右侧各剪下一缕头发，然后用彩线将其系在一起，做成结婚信物，称为"合髻"。结发夫妻也由此而来。

此外，宋代的"合卺"之仪也改成了"交杯酒"之仪。相比"合卺"，"交杯酒"相对简单。将两个酒杯用彩色的丝带连起来，一对新人各拿着其中的一个杯子，相对将杯中酒喝尽，预示着新郎、新娘将相互敬爱、永不分离。

二、丧葬礼仪

死亡，是亘古不变的自然法则。尊重死亡，是对生命最好的祭奠方式之一，我们的祖先也很早就意识到了这一点，所以，在中国几千年的历史长河中，葬礼也是一种独特的礼仪。只是，在不同的朝代葬礼的形式也不尽相同。

（一）原始社会到秦汉时期的治丧礼仪

1. 原始社会到周朝

在原始社会，人们认为"入土为安"，土葬是当时常见的一种入葬形式，而当时安葬死者的礼仪也随之而成。

入殓。入殓分为"大殓"和"小殓"。小殓就是为死者穿寿衣。大殓即收尸入棺。通常来说，大殓的仪式是非常隆重的。

至夏商周时期，丧葬仪礼基本完备，流程也相对明确。

2. 汉朝

在汉朝，丧葬礼仪基本成熟，具体分为三个阶段，包括出葬之前、葬礼、安葬之后的礼仪。

出葬之前主要包括沐浴、饭含、大小殓、哭丧、停尸等仪礼；葬礼期间包括祭奠、出殡、下葬；安葬时候还有一些相应的礼仪。

这一时期，陪葬品在葬礼中扮演着重要的角色，一般包括死者生前使用过的一些衣物、金银首饰、珠宝、器皿等，寓意死者在阴间会大富大贵，免遭贫穷之苦。

殷墟妇好墓出土的玉虎、玉马

（二）魏晋南北朝之后的治丧礼仪

魏晋之后的治丧礼仪基本沿袭汉朝的丧葬之礼，只是不同朝代在个别礼仪的细节上有所不同，有些朝代还会增加一些新的礼仪，在此不做赘述。

三、祭祀礼仪

祭祀礼仪在中华文化中也有着悠长的历史，在古代，祭祀也与古人的崇拜和信仰有关，因为崇拜才会祭祀。而古人的祭祀活动，主要分为三种：祭祀天地、祭祀祖先、祭祀师君圣贤。

（一）祭祀天地

在中国历朝历代，人们始终相信天地是最为神圣的，所以在几千年的历史中，各种祭祀天地的活动也是不胜枚举。

古人称天神为"皇天上帝"，称地神为"后土"，皇天降甘霖，后土载万物，人们祭祀天地，祈求风调雨顺，五谷丰登。

古代各种祭祀天地的活动中，以"封禅"最为隆重。在泰山的山顶设立祭坛祭祀天神，谓之"封"；在泰山周围的小山设立祭坛祭祀地神，谓之"禅"。有史书记载，秦始皇是第一个封禅的皇帝，汉武帝则是第二个封禅的皇帝。[①] 由于封禅的礼仪太过于盛大，举行一次实属不易，所以在宋真宗之后，就再也没有皇帝举行过封禅仪式了，宋真宗也就成了中国历史上最后一个封禅的帝王。[②]

除了封禅，庙祭和郊祭也是祭祀天地的两种仪式，这两者都起源于周朝。庙祭就是在庙中祭祀天地，而郊祭则是在京城的郊区设坛祭祀天地。如今，北京的天坛、地坛、日坛和月坛都是明清两代皇帝为了祭祀天地而建造的。

---

① 程裕祯．中国文化要略（第4版）［M］．北京：外语教学与研究出版社，2017：110.

② 程裕祯．中国文化要略（第4版）［M］．北京：外语教学与研究出版社，2017：112.

地坛

（二）祭祀祖先

在古代，普通百姓会在家中设立祠堂，将列祖列宗的牌位放置其中，香火不断，以此祭祀。

历朝历代的皇室都会建造太庙，以祭祀祖先；而官员和高门大户则会建造宗祠来祭祀祖先；一些小门小户或者贫苦百姓可能就只能在家中设立小祠堂或者单纯地在香案上供奉牌位，以表忠孝。

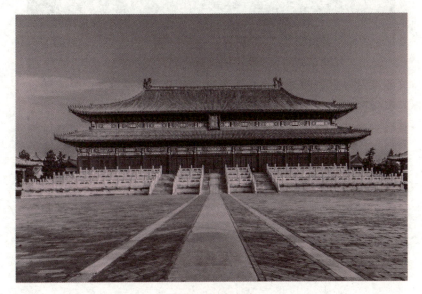

明清时期的太庙

（三）祭祀君师圣贤

　　君，是帝王。师，即那些为人师表的圣人。圣贤，即已经去世的那些品德出众或者为国家、民族做出过伟大贡献的先贤。

　　对这些人物的祭祀，表达了古人对他们的尊敬和崇拜。比较有名的祭祀活动是祭孔（即祭祀孔子）、祭祀关公、祭祀妈祖等。

祭祀孔子的祠庙——孔庙

学有所思

1. 起源于周朝的"六礼"（纳彩、问名、纳吉、纳征、请期、亲迎）是中国古代特有的婚姻礼仪。到宋朝，"六礼"简化至四礼，分别是哪四礼？

2. 在汉朝，陪葬品在丧葬礼仪中扮演着重要的角色。在这一时期，哪些东西可以被当作陪葬品呢？

3. 在古代，帝王祭祀天地叫作"封禅"，此外，还有一些专门祭祀上天或者专门祭祀大地的仪式，都有哪些呢？除了祭祀天地，古人还会祭祀哪些特殊的人物和事物？

第三节　社交礼仪

一、谦称与尊称

古人对社交礼仪的重视，首先体现在语言称谓上。古人称呼自己、家人、长辈、晚辈以及官员皇帝时，都要使用不同的称谓以表示尊重、谦逊等态度。

古时，人们在称呼自己时都会用谦称，除了表示自己的谦卑，还表示对对方的尊重，常用的称呼有"鄙人""愚兄""敝人""猥""仆"等，比如，李密的《陈情表》说："猥以微贱。"书生在称呼自己时常用"晚生""小生""晚学"等，如"晚生不才"。老年人的谦称主要有"老朽""老夫""老汉"等。皇帝自称为"朕""孤"以及"寡人"。官员则自称"下官""末官""微臣""臣"等。男性在称呼自己时最常用的谦称是"在下""敝人"，而女性则常用"小女子"等。这些都是古人在交流时常用的谦称，是说话人用来提高对方身份的一种谦虚的说法。

在称呼家人时也有一定的讲究。对外人提及自己的父母和兄姐时常用"家父""家母""家兄"和"家姐",而说起自己的弟弟妹妹则用"舍弟"和"舍妹";称呼自己的儿子用"犬子",称呼女儿用"犬女";丈夫称妻子为"拙荆""内人""贱内";妻子称呼丈夫则用"拙夫"。

古人称呼别人要用敬称。如果说话人比对方年龄大,要自称为"愚兄",称呼对方为"贤弟",称呼对方的妻子为"贤妹";如果说话人比对方年龄小,则自称为"愚弟",称呼对方时用"兄台",或者在对方的姓后加一"兄"字,而要称呼对方的妻子为"尊夫人"。

在称呼别人亲属时,需在称呼前加上一个"令"字以表尊重,比如"令尊""令堂""令慈""令爱""令郎""令兄""令妹"等。

知识拓展

公共交际场所的礼仪

古人十分讲究礼仪风度,崇尚文质彬彬、温文尔雅,尤其是在公共场所或者与人见面之时。与人相见时,古人讲究衣冠整齐,如果出席重要或者正式的场合,还要穿上特制的礼服以表郑重。在交谈时,要注意语言和称谓,用词需文雅,切忌使用粗俗之言。在古代,一个人,尤其是文人,如果使用了脏话或者粗俗言语,那说明他真的生气或愤慨到了极致。

春秋时期,著名的大学问家孔子向来崇尚礼仪,但是有一次却因气愤说了"脏话"。孔子的学生宰予在白天上课时睡觉,孔子发现之后,气愤地说:"朽木不可雕也,粪土之墙不可圬也。"意思是，腐烂的木头不能雕刻成形，粪土一样的墙壁也不能粉刷修饰。这是温文尔雅的孔子最动肝火的一次震怒，因此才说出了这样的粗话。

二、朝仪

在古代，帝王每天都要上朝，听大臣们禀报各类事宜，而天子临朝也是有严格的礼仪的。

按照规定，上朝时天子面朝南方，三公面朝北方以东为上，卿大夫面向西方以北为上，皇族同样面向南侧以东为上，站在路门右侧。退朝时，天子和大臣们行揖礼，这也被后世人称为"朝仪"。

关于朝仪，一些史料古籍也有记载。比如，《周礼·夏官·司士》称："正朝仪之位，辨其贵贱之等。"《史记·刘敬叔孙通列传》记载："臣愿征鲁诸生，与臣弟子共起朝仪。"《宋书·恩幸传·徐爰》："爰便僻善事人，能得人主微旨。颇涉书传，尤悉朝仪。"可见从周朝开始，各朝各代都有朝堂礼仪，只是细节方面可能有所不同。

三、朝聘与朝觐

朝聘是古代诸侯王定期去朝见天子的礼仪，属于一种宾礼，即宾客拜见主人时要遵循的礼仪。诸侯王每年都会派大夫去朝见天子，这种礼仪称作"小聘"；每隔三年会派卿朝见天子，这叫作"大聘"；而诸侯王每五年会亲自朝见天子，这个礼仪就是"朝"。

在周代，诸侯王朝见天子叫作朝觐。诸侯在春天朝见天子叫作"朝"，在秋天朝见天子叫作"觐"，合在一起即为朝觐。

四、揖礼

揖礼，起源于周朝以前，盛行于周朝、汉朝、三国两晋以及南北朝时期，是古代汉族人见面时所行之礼。

周朝的揖礼主要有天揖、时揖、土揖。揖礼不同，双方的地位和关系也不同。

天揖，即上揖（揖礼时手位于上者）。做此礼者在行礼时需身体直立，双手合抱且左手在上，手心向内，双手向上高举至额头处，推手俯身至约60°处，然后起身恢复站姿。在古代，天揖是一种标准的揖礼，通常在比较重要的礼仪场合（如加冠礼、祭祀礼等）中使用，与长辈尊者见面时也要行此礼。

时揖，即中揖（揖礼时手位于前者），又称拱手、推手或抱拳。在行礼时，行礼者需双手抱拳，同样是左手在上，手心向内，从胸前向外推手，同时俯身大约30°，然后起身恢复站姿。时揖是同辈人见面或辞别时使用的礼仪。

土揖，即下揖（揖礼时手位于下者），因此，又叫作"下手"。土揖与时揖唯一的区别就是推手的方向，做土揖时，行礼者需推手向下，主要用于长辈对晚辈、上司对下属还礼。

此外还有特揖（一个人一个人地作揖）、旅揖（按人的等级分别作揖礼）以及旁三揖（向众人一次作三下揖礼）。

女子作揖礼时与男子有所不同，双手抱合时需右手在上，左手在下。

五、叉手礼

到唐宋时期，人们在行礼时使用叉手礼，也称为交手礼。虽都为叉手礼，但唐朝和宋朝的行礼方式却有所不同。在唐朝行叉手礼时，行礼者需将双手交叉放于胸前，左手握住右手，同时右手的拇指微微上翘。宋代的叉手礼，也是双手交叉放于胸前，左手握住右手，但左右手的拇指都要上翘。

据史料记载，叉手礼出现于唐朝末期，在宋朝和金朝十分流行。在当时，男女老幼都可以行叉手礼，是晚辈向长辈、地位低的人向地位高的人行的一种礼，以表示对对方的尊重。

六、跪拜礼

跪拜礼是古代最烦琐、历史最悠久的一项礼仪，共分为"九拜"。《周礼》有关于"九拜"的记载："一曰稽首，二曰顿首，三曰空首，四曰振动，五曰吉拜，六曰凶拜，七曰奇拜，八曰褒拜，九曰肃拜。"

稽首，是九拜中最隆重的见面礼。施礼者在行礼时要屈膝跪地，拱手放于膝前的地面上，再慢慢地将头叩在手前面的地上，还要在地面上停留一会，才能慢慢地抬起。

顿首，也就是"叩头"。行礼时，施礼者同样要屈膝跪地，左手覆盖右手，拱手放在膝前的地上，手不分散，快速叩头，停留一会，然后抬起。稽首与顿首的区别在于：稽首是缓慢将头伸至地上，而顿首则是快速叩头。

空首，就是"拜手"。施礼者要跪在地上，拱手伸向前，然后

低头至与手平行。这是上级对下级表示谢意或者君王祭祀天地的礼仪。

振动、吉拜、凶拜都是丧礼时用的礼仪。

奇拜，单数为奇，就是拜一次礼。

褒拜，与奇拜相对应，即拜两次或者多次。

肃拜，是一种女子的跪拜礼。施礼者在行礼时要先把两手放到地上，然后再拱手，同时低头至与手平行。

学有所思

1. 除了文中提及的揖礼、叉手礼和九拜，你还知道古人的哪些见面礼仪？

2. 古代的臣子在看见天子的时候，都要行叩拜之礼。想一想，为什么天子们会要求臣子行这种礼仪呢？

3. 在古代，男子称呼自己的妻子为"拙荆""贱内""内人"等，称呼比自己年轻的男子的妻子为"贤妹"。那么，该如何称呼比自己年长的男子的妻子呢？

温故知新

中国，向来尊崇以礼治国，这一点从古人们的日常礼仪、婚丧嫁娶与社交礼仪中就能看出来。人与人在交往中不仅需要有情谊，更需要礼仪，这些礼仪都体现着古人的修养与为人处世之道。

了解古代的礼仪文化，不仅有助于我们更好地理解中华文化，还能够帮助我们更好地理解社交的意义。在浩如烟海的中华文明与文化习俗当中，礼仪文化只是很小的一部分，但仅仅是这很小的一部分，就能够让现代人了解古人"以礼治国"的思想，也清楚地体现着中国古代人民对礼节与人际关系的重视。阅读完这一部分，你有没有对古代礼仪文化有全新的理解与感悟呢？

第四章

文 学

　　文学的本质是一种文化现象，它是以语言文字等工具为重要载体，用以反映客观现实的文化形态。从文化和文学两者之间的关系看，文学从属于"文化"这一概念的大范畴之内。

　　在表现形式上，文学主要由诗歌、小说、散文、戏剧等不同类型的文学体裁构成，其内容大多是作者内心情感的流露，以及对一定时期或一定地域社会生活场景的生动再现。

　　在中国文化史上，先秦散文、诗、词、曲以及灿烂夺目的民间文学，共同构成了中国文化特有的内核，也是中华文明生生不息的动力之源。

【文化要点】

✿ 了解先秦散文、诗歌的发展概况，认识先秦散文以及汉代以来诗歌对中国后世文学发展的深远影响。

✿ 了解词的起源，认识宋词两大风格流派、代表人物和作品，懂得如何赏析宋词。

✿ 了解曲的起源，掌握元曲和杂剧代表人物与作品。

✿ 了解中国古代小说的起源与发展。

✿ 了解中国传统文学，提高文学素养。

第一节　先秦散文

一、先秦散文的起源

在中国古代，散文是非常重要的一大文体，在先秦时期发展成熟，那么先秦散文起源于何时呢？

从现有历史资料的分析研究中不难看出，先秦散文的源头，应当是殷商时期的甲骨卜辞。殷商时期，正是我国古代神权文化兴盛的时代，当时的统治者为了加强对王权的控制，往往假借神的力量维护王权，在这种历史背景下，巫祝文化蔚然成风。

巫祝文化的一大特点，就是将祭祀、年成好坏、狩猎、征战、天时、商王的饮食起居和身体状况等内容，都一一刻录在兽骨或龟甲上面，以待日后验证。

甲骨卜辞中记录的情况，一般分为占卜时间、占卜者的姓名、所要占卜的问题、对卜卦特征的解说、卜辞和事实是否相符、战争和狩猎等几大部分。限于当时刻录的难度，这些记录的文字大都是

一些相对零散的句子，数量也只有数十字而已。

"小臣墙刻辞"是现今留存的甲骨卜辞中非常著名的一片，文字刻录 150 字左右（记录战后举行献俘礼）。虽然卜辞上面的文字不多，但可以视作我国古代记事散文的雏形。

殷商时期的甲骨文

殷商时期开始，青铜器铭文得到了进一步的发展。在殷商早期，青铜器铭文非常简单，往往只是将制作者的名号以及所要纪念的先人庙号等有限信息刻录其上，因此它的内容只是寥寥的十来个字。现存殷商晚期最长的青铜器铭文，也只有四五十字左右。

西周时代，青铜器铭文有了长足的发展，达到其全盛时期。在这一历史阶段，刻录在青铜器上的铭文已经达到了二三百字之多，内容也多是和周王的奖赏、任命以及歌颂功德、土地勘界等有关，正如《墨子·鲁问》一文中所说的那样："书之于竹帛，镂之于金石，以为铭于钟鼎，传遗后世子孙。"

到了西周晚期，青铜器铭文的记录内容更为丰富，比如著名的毛公鼎，上面刻录的字数近 500 字。从这些铭文的行文风格上看，一般多用整齐划一的四字句，具有一定的散文气息。

西周时期的青铜器铭文

除青铜器铭文外，周朝人还热衷于筮辞，即在占卜过程中，将卜与筮并用，一般多以蓍筮为主。周人每每占筮过之后，就将所卜的事情和占卜的结果一一记录下来。久而久之，从事占卜的人，将以往的筮辞收集整理，集合成书，以备参考。

我们后世所看到的《周易》一书，就是这种筮辞的集大成者。《周易》中的卦和爻辞，在文学手法上，初步具备了衬托、比兴等传情达意的艺术手段，这也标志着先秦散文从殷商时期萌芽，发展到了西周时期，已然进入形成阶段。

《尚书》的出现，真正标志着中国古代散文的形成。《尚书》是上古时期一部官方记录的历史文献，里面的内容极为丰富，主要记载了殷商、西周时期的各种典章制度。《尚书》之后，先秦散文的发展分为两大方向，一个是侧重于记事的历史散文，另一个是侧重于论说的诸子散文。

二、先秦散文的发展

春秋战国时期，社会发展呈现出了剧烈的时代变革，散文在这一历史时期也迎来了蓬勃的发展，先秦散文的历史地位也由此奠定。

从这一时期先秦散文的分类来看，主要分为历史散文和诸子散文两大类。

（一）先秦历史散文

先秦历史散文，主要代表作有《左传》《国语》《战国策》等历史著作。这些历史著作的作者都具有较高的文学水平，无论是叙述历史事件的经过，还是人物形象的塑造和描写，都生动活泼、极富文采。

例如《左传》中的《曹刿论战》《秦晋崤之战》等名篇，人物对话都极为出彩。正因如此，以《左传》《国语》《战国策》为代表的先秦历史散文，对后世散文家的创作有着深远的影响。

我们所熟知的《史记》，它的作者司马迁在创作这一历史巨著时，在写作技巧和行文风格上就多从《左传》《战国策》等文学作品中获得灵感。

（二）先秦诸子散文

春秋晚期时，随着周天子影响力的式微，礼乐崩坏，诸侯国之间展开了旷日持久的兼并战争。

　　在这样的一个历史大背景下，从春秋晚期到战国初期，士人阶层悄然兴起，这标志着"百家争鸣"时代的到来。

　　先秦诸子散文指的就是以儒、道、阴阳、法、名、墨、纵横、农、杂、小说家等为代表的哲理性著作，诸子百家从自身对社会的认识出发，鲜明地提出社会治理方面的不同观点和主张，从而造就了这一历史时期诸子散文的繁荣局面。

先秦诸子散文的发展阶段

　　从发展阶段看，先秦诸子散文一共有三个历史时期。第一个历史时期在春秋末到战国初，其中以《论语》《墨子》为代表；战国中期，是先秦诸子散文发展的第二个阶段，这一阶段以《庄子》《孟子》等典籍为代表；战国后期，是先秦诸子散文发展的第三个阶段，以《韩非子》《荀子》等为主要代表。其写作风格，也从语录体逐步过渡到对话式论辩文和鸿篇巨制的专题论文。

三、先秦散文的历史地位

　　先秦散文对中国后世文学的发展有着深远的影响，比如先秦历

史散文中的代表作《左传》《国语》《战国策》等，这些典籍里面的"春秋笔法"和"左传义法"，成为后世中国散文写作的准绳。

司马迁雕像

两汉时期，无论是贾谊、晁错的政论性散文，还是司马迁、班固的史传散文，无不深受先秦散文的影响，也由此开创了汉代散文的辉煌历史局面。

同样，唐宋时期倡导"古文革新运动"的文学家们，也都从先秦散文中汲取到了无穷的营养，以韩愈、欧阳修等为代表的唐宋散文八大家，对先秦散文就极为推崇。韩愈在《进学解》一文中就极力赞美《左传》，说他散文创作的灵感都来自"沉浸浓郁，含英咀华"的《左传》一书之中。

唐宋八大家之首韩愈的祠宇

除此之外，先秦散文还为后世的小说创作和戏曲构思提供了很多题材参考。可以说，先秦各家的散文写作风格，在中国文学发展历程中，一直滋养着后世的创作者。

简言之，先秦散文从萌芽到形成，经历了一个从简短的文字刻录到成段成章的记述，再到逻辑严密、结构严谨的鸿篇巨制的漫长发展过程。和西方文学相比，先秦散文具有"庞杂"和"泛文学"的双重特征。

学有所思

1. 中华文化源远流长，对于文学这种可以用语言表达的文化形态，你能说出自己所了解的一些文学类型吗？

2. 先秦散文起源于殷商甲骨卜辞，经历了一个漫长的发展过程，你能讲出它从萌芽到成型的几个阶段吗？

3. 《尚书》是中国古代散文形成的标志性典籍，对这一部书，你了解多少呢？

4. 先秦历史散文和先秦诸子散文各自都有什么代表作呢？它们之间的文风区别又是什么呢？

第二节　诗

一、诗的起源

　　诗，又称作诗歌，在文学表现形式上，它是一种要求语言高度凝练、有着一定的格律、格式和意象要求，并且能够寄寓作者丰富的思想情感以及可以反映特定社会生活的文学体裁，朗读时，充满节奏感和韵律感。

　　诗这一文学体裁，在我国有着悠久的历史传统，流派纷呈，名家辈出，体裁丰富，那么它又是如何产生的呢？

　　诗的诞生和我国远古勤劳智慧的先民之间有着密不可分的关系。在原始人类生活的年代，当时的人们限于对人类社会各种自然现象的认识局限性，往往将风、雨、雷、电等自然现象神秘化，在这种敬畏心理下，上古时期的人类通过载歌载舞的方式来表达对神明的崇敬之情，以期望获得一个风调雨顺的好年景，伴随颂歌的增多，诗悄然而生。

　　观看诗的起源过程，不难发现，早期的诗和原始人类朴素的宗教信仰以及日常劳动紧密相关，人们通过歌唱颂歌这种有韵律的呼叫，催生了诗的诞生。

诗是一种非常古老的文学艺术样式。在古代中国，人们为了将诗和歌区分开来，规定合乐的颂唱内容称之为"歌"，不合乐的颂唱内容称之为"诗"，孔子认为，诗具有"兴""观""群""怨"四大功用。

二、诗的发展和诗的流派

（一）先秦诗

诗，在中国这个古老的国度中有着深厚的生长土壤，以源远流长而著称于世。从诗歌的诞生发展历程上看，先秦时代是中国诗歌发展成型的一个重要阶段。

《诗经》，是中国古代诗歌的集大成者，被誉为中国最早的一部诗歌总集。它所收集的诗歌，涵盖了从西周早期到春秋中叶长达数百年的历史，也是这一历史阶段社会风貌的重要反映。

在内容上，《诗经》分为《风》《雅》《颂》三大部分。在写作手法上，采用了"赋""比""兴"三种艺术手法；句式也常以四言为主，文辞上重章叠句，又加入了回环复沓等民间歌舞的表现技法，极大地增添了《诗经》的艺术魅力。

《诗经》之后，战国时期的南方楚地，又兴起了一种句式参差、句尾多用"兮"字的新诗体。这一新诗体，就是诗歌艺术史上大名鼎鼎的"楚辞"。

楚辞的开创者首推屈原。屈原是楚国贵族，也是中国诗歌艺术史上第一位真正伟大的爱国诗人。屈原的重要代表作《离骚》，气魄雄伟，感情充沛，极富浪漫主义色彩，是中国古代最长的抒情诗之一。

屈原雕像

中国古代第一部诗歌总集——《诗经》

　　《诗经》是我国第一部诗歌总集，也是古体诗的重要代表，《诗经》里面包括《风》《雅》《颂》三部分内容，其中周朝时期各地的民谣为《风》；周人的正声雅乐为《雅》，进一步又可细分为《大雅》和《小雅》两大部分；而《颂》是周王朝和王公贵族祭祀时采用的乐歌，如《周颂》《商颂》《鲁颂》等。

　　《诗经》内容丰富，涵盖了周王朝社会生活的各个方面，是后世了解周朝的"一面镜子"。

（二）汉代以来的诗歌发展和流派

秦汉时期，我国诗歌的发展，主要以儒家所提倡的"诗言志"理论为基石，往往侧重于伦理方面的说教。然而到了汉末和三国两晋时代，中国古诗的发展又迎来了一个高峰期，诗歌的体裁也有了新的突破和创新。

这一历史时期的诗歌，大多以五言、七言为主，尤其是五言，得到了全面的发展，如风格委婉含蓄、长于抒情的《古诗十九首》，被世人赞誉为"五言之冠冕"。其代表人物有曹操、曹丕、曹植父子三人以及以孔融、陈琳、王粲等人为代表的"建安七子"，他们笔下的五言、七言，以"词采华茂、骨气奇高"而闻名于世，"汉魏风骨"令人瞩目。

"建安七子"之后的"竹林七贤"，是这一历史阶段又一极具代表性的诗人群体，他们的文风以"任情旷达"而著称。

到了西晋时期，诗歌的创作风格发生了重大变革，这一阶段的诗人们，在诗歌写作上多追求华美的辞藻，其代表人物有张华、张载、张协、陆机、陆云、左思等人。

东晋时期，随着陶渊明这一中国诗歌史上又一位伟大诗人的出现，中国田园诗派诞生。淡泊名利、心境高远的陶渊明，一手开创了新的诗歌体式，即田园诗，为当时追求华丽辞藻的诗坛注入了一股清新之风。

南北朝时期，是我国诗歌艺术发展史上极具特色的一个历史阶段。南朝以鲍照、谢灵运、谢朓为代表人物，诗歌风格婉转清丽。其中，鲍照为中国古诗的发展做出了重要贡献，他开创的七言歌行和力推的边塞诗歌，进一步丰富了诗歌的体式。

北朝以庾信等人为代表，诗歌风格粗犷宏大，刚健老成，和南朝诗歌风格相比，风貌迥异，自成一体。

　　隋唐时代，迎来了我国古诗发展的黄金期，流派层出，诗体争奇，也使得"诗"这一文学艺术达到了全盛阶段。

　　以王勃、卢照邻、骆宾王、杨炯为代表的"初唐四杰"，诗风激昂；这四人之后，又出现了以王维、孟浩然为首的山水田园诗派，诗风闲适清新；以高适、王昌龄、岑参为代表的边塞诗派，诗风雄浑慷慨。

　　"诗仙"李白将中国诗歌浪漫主义传统进一步推向高峰，"诗圣"杜甫充分发扬了诗歌现实主义精神，唐代诗歌在他们两人手中异彩盛放，也标志着盛唐诗歌创作达到了巅峰。

《太白行吟图》梁楷

安史之乱是唐朝社会发展的一个重要转折点，从此强盛的唐朝国力一步步衰落，表现在诗歌创作上，也一改以往的浪漫主义格调，转为对现实的反思。在这一历史阶段，出现了两大诗派，一个是"韩孟诗派"，另一个是"元白诗派"。

"韩孟诗派"的代表人物主要有韩愈、孟郊、李贺等；"元白诗派"的代表人物则以白居易、元稹、张籍、王建等人为主。

在元白诗派中，白居易、元稹等人又一手推动了新乐府运动，倡导"文章合为时而著，歌诗合为事而作"，这一主张，对中唐以后诗歌的创作，产生了较大影响。

晚唐时期，在诗歌创作上有较大知名度的，一个是杜牧，另一个是李商隐，他们合称为"小李杜"。两人的诗歌风格深沉哀怨，这和当时唐代社会的现实发展有关，藩镇割据，社会动乱，自然深深影响了两人的诗歌创作风格。

宋代诗歌艺术的发展，总体上不如唐代，但在风格上，宋代诗歌具有哲理性的"意胜"特色。

在宋代诗坛上影响力最大的非苏轼和黄庭坚莫属了，苏轼的诗以雄迈豪健著称，黄庭坚的诗以出奇制胜著称，也由此使得他成为"江西诗派"的开山鼻祖。

王安石也是北宋诗坛上的重要领军人物，他的诗直抒胸臆，遣词造句千锤百炼，别具一格。

陆游、杨万里、范成大是南宋诗坛上的标志性人物。杨万里、范成大的诗歌深受"江西诗派"的影响；陆游的诗沉郁悲壮，蕴含着深沉的爱国情感。

南宋后期的"永嘉四灵"——徐照、徐玑、翁卷、赵师秀的诗歌成就，和前期的陆游等人相比，相去甚远，只是南宋诗坛上的最后一抹余晖。

元明清时期，诗歌创作规模和风气难以和唐宋相比，这一时期比较著名的诗人有王冕、袁枚、龚自珍等人。

学有所思

1.《诗经》和《楚辞》是中国诗歌史上的两朵奇葩，是后世诗歌的两大源头，你能说出两者在艺术风格上的不同吗？

2. 李白和杜甫是唐代诗坛上的"大李杜"，他们都有哪些代表作呢？你能说出他们的诗歌诗风的不同之处吗？

3. 白居易、元稹倡导的新乐府运动，对中唐诗歌创作带来了一定的积极作用，你能说出新乐府运动的主张吗？

4. 白居易擅长创作长篇抒情叙事诗，你能说出他的长篇抒情叙事诗的主要代表作吗？

5. 诗分古体诗和近体诗，楚辞体、乐府诗、歌行体归属古体诗；近体诗又分为律诗和绝句，你对律诗和绝句有哪些了解呢？

第三节　词

一、词的来源和别称

在中国文学史上，词这一文学体裁也占据了重要的地位。词被唐五代时期的人们称为"曲子词"，这是因为词可以配合音乐曲调去弹唱，属于一种音乐文学。词萌芽于隋唐时期，在当时，汉族传统音乐和西域音乐相互影响、融合而产生了"燕乐"，这是词产生发展的前提。词这种新兴的文学样式在"燕乐"的浸润下，飞速发展起来，受到了越来越多的人的喜爱。

沈括在《梦溪笔谈·卷五》中写道："自唐天宝十三载（公元754年），始诏法曲与胡部合奏，自此乐奏全失古法。以先王之乐为雅乐，前世新声为清乐，合胡部者为宴乐。"此处的宴乐，也即燕乐。

116

伴随着燕乐的广泛流行，作为一种抒情文体，词这种可以配合胡乐演唱的乐府诗也逐步传播开来。

作为诗的一种别体，词有很多种别称。在最初，词被称作"曲词"或"曲子词"；后来又有长短句、词子、近体乐府、乐章、琴趣、诗余等别称。

词一开始出现在民间，《旧唐书·音乐志》上说，词是"胡夷、里巷之曲"。隋唐年间，优伶乐师等民间艺人依照唱词需要和音乐节拍配合的要求，经过潜心研究，或创作或改编一些长短句参差的曲词，这便是最早出现在民间的词。

宋代学者王灼在《碧鸡漫志·卷一》中写道："盖隋以来，今之所谓曲子者渐兴。"这一点，在敦煌莫高窟的考古中也得到了印证。学者在这里发现了大量的敦煌曲子词，后汇编成《敦煌曲子词集》，里面有令词、中调和慢词等格式。

观看《敦煌曲子词集》不难发现，在文人雅士大量写作词之前，词这一文学体裁早已在民间流行开来，且已经具有相当成熟的体例，中唐以后的文人开始创作词，他们的词大多也深受民间词的影响。

隋唐时期，虽然词在民间已经有了一定的基础，但是在当时的文人看来，词不过是一种用来抒情的诗余而已，多为描写爱情相思一类的题材，因此并不被文人所看重，只是在闲暇之时，偶有写作。至少在唐代中期之前，词还不是当时文人创作的主要发力点。

唐朝中前期兴盛的民间词

唐朝中前期，民间词兴盛，唐代文人崔令钦《教坊记·曲名表》中记载了多达二百七十余首曲子，这些曲子都是开元、天宝年间为宫廷演奏的教坊乐妓所习唱的调子。从这些曲子的曲名中不难看出，很多民间的曲调在其中占据了极大的比重。如《拾麦子》《判碓子》《麦秀两歧》《渔父引》《拨棹子》《摸鱼子》等，都和乡村生活息息相关；除此之外，还有一些曲子来自边塞军营，如《怨黄沙》《怨胡天》《卧沙堆》等，充分证明了词在民间已经有了深厚的人文基础，为日后文人词的兴盛提供了充足的"养分"。

二、词的发展和巅峰

从唐代中期之后，随着刘禹锡、温庭筠等文人对词创作的重视，出现了专业的词人和词人文学集，这才使得词得到了文人的重视，由"伶工之词"转为"士大夫之词"。

以温庭筠为例，温庭筠是唐代较早用心从事词体创作的文人，他留下的词作有七十余首，收录于《花间集》《金荃词》等书中。也正是从温庭筠开始，在中国文学史上，词和诗并行发展，并逐步成为后世一种极为重要的文学体裁。

短暂的唐末五代，词的发展初露峥嵘。这一时期，"花间派"的重要代表人物，除了温庭筠、韦庄等晚唐词人之外，还有张泌、毛文锡、牛希济、欧阳炯、李璟、李煜、冯延巳等五代词人，他们共同推动了词的进一步发展。

其中，南唐李后主的词别具一格，他前期的词语言明快，后期因亡国之恨词风沉郁，对后世词人有着深远的影响。

词在宋代大放异彩，达到顶峰全盛的一个历史阶段。从风格上区分，宋词一般分为婉约派和豪放派两大流派。

张綖在《诗馀图谱》中说："词体大略有二：一体婉约，一体豪放。婉约者欲其辞情酝藉，豪放者欲其气象恢弘。盖亦存乎其人，如秦少游（秦观）之作多是婉约，苏子瞻（苏轼）之作多是豪放。大抵词体以婉约为正。"

婉约派创作的词的内容以儿女情长为主，风格含蓄婉转，语言清新圆润，突出词的音乐性和抒情性，代表人物主要有柳永、晏殊、晏几道、张先、欧阳修、秦观、贺铸、周邦彦、李清照等。李清照的词，处于北宋向南宋的过渡时期，前期多写闲适生活、自然风光等，词风清丽自然，后期多感怀身世，词风凄婉深沉。

豪放派作为宋词的一大流派，和婉约派相对，风格气象浑雄，用事较多，在创作上常用诗文的句法来写词，代表人物有苏轼、辛弃疾等人。苏轼对词的创作贡献，主要在于他一改词受音乐束缚的旧框，让词得以从音乐的附属中解脱出来，独立成为一种文学体裁。生活在南宋时期的辛弃疾，是豪放派的重要代表人物，他的词艺术风格多样，风格沉雄之中又不失细腻柔媚。

元代词的创作，和宋代相比，已经远远不如后者了，不过也不乏名家。如元统一前的元好问、陆文圭、张之翰、刘敏中等人，元统一后的虞集、王旭、张雨、萨都剌、张翥等人，都有佳作遗世。

明代，词的创作进一步陷入低谷期，仅有刘基、高启、杨慎、

王世贞、汤显祖等人偶有佳作。到了清代，词的创作出现了一个小高峰，写作内容充满了浓郁的生活气息，代表人物主要有纳兰性德、陈维崧、朱彝尊等。

学有所思

1. 词被称作"诗余"，你能理解其中的缘由吗？对音律的要求上，词和诗有什么区别呢？

2. 词发轫于民间，从什么时候开始，文人开始重视词的艺术创作的呢？

3. 两宋时期，婉约派和豪放派成为词坛上的"两座高峰"，在风格上，你能简要说一下两者之间的不同之处吗？

4. 一个时代常有一个时代所代表的艺术典范，宋代以后词的创作趋于低谷，结合元曲的兴起，请谈一谈自己的感受和认知。

第四节　曲

一、曲的起源

　　曲的起源，最早可以追溯到远古时期，较为成熟的如楚地的祭祀曲"九歌"等。从文学发展的流变来看，曲和音乐两者之间的关系更为亲近一些，这一点超过了诗和乐府，所以才有了"乐曲"这样的称呼。

　　文学史上的"曲"，主要指元曲，也即元杂剧和散曲的合称。宋朝末年，随着时代的发展，曲在声乐上的地位逐步超越了词。在金代之初，兴盛于民间的民歌俚谣对元曲的发展起到了重要的推动作用。

　　金末元初，社会动荡，许多文人士子断了科举仕途之路，无奈之下，他们只得在秦楼楚馆中寻找思想上的安慰，这些楼馆里面的歌伎，大多演绎的是来自民间的歌调，士子文人酬唱往来时，潜移默化地深受其影响。

　　正因如此，金代文人创作的词，也已经初步具备了曲的艺术特征，比如在语言上，以浅显、直白、诙谐为主，同时吸收了很多北

方的俚歌俗调，此时的词牌名，也带有曲的韵味，在文学风格上，和后代的元曲已经非常相似了。

二、元曲及元曲四大家

（一）认识元曲

起源于宋金时代的"街市小令"和"村坊小调"，到了元代时期，形成了一种新的文学体裁，盛行于大江南北，这就是闻名后世的"元曲"。

元曲包括杂剧和散曲两大类，两者都以北曲为主要演唱形式。杂剧原是宋金时期一种以滑稽搞笑为主要表演形式的民间艺术，到了元代，发展成为舞台戏曲艺术。在形式上，杂剧每本四个折子，四折外加楔子（类似序幕），也即"四折一楔子"。到了明清时代，不再局限于"四折"这个固定形式。

散曲是一种主要以清唱为主的歌词，从体式上看，散曲主要分为小令和散套两种。小令又被称作为叶儿，体裁短小，一般情况下，只是由一支单独的曲子构成；反观散套，则由多支曲子构成，在用韵要求上，散套各支曲子必须始终用一个韵。

值得称道的是，曲的成熟体制，如宫调、曲牌、曲韵、平仄、对仗、衬字等内容，正是在这一历史时期得到完善的。

元曲的发展经历了三个重要阶段。

第一个阶段，从元朝建立开始，到南宋灭亡为止。这时的元曲，刚由民间通俗俚语脱胎而来，带有鲜明的口语化特征，语言自然优美，音韵流畅和谐。代表人物主要有关汉卿、马致远等元曲大家。

第二个阶段，从元世祖至元年间开始，至元中期。这一时期的元曲创作，以散曲为主，呈现出了专业化、文学化的特征，主要代表人物有郑光祖、睢景臣、乔吉等。

　　第三个阶段，从元中期开始，至元末期为止。和前期相比，在语言风格上，这一时期的元曲的语言更为细腻婉约、秀丽雅致，以张养浩、徐再思等人为主要代表者。

　　综合而言，元曲在元代社会焕发出了旺盛的生命力，上演了一大批深受民众欢迎的曲目，题材丰富多样，语言通俗自然，人物形象立体饱满，对中国文化的繁荣做出了重要的贡献。

认识散曲和词

　　散曲和词之间，有相同相近的地方，也有不同之处。词的语言，一般要求含蓄典雅，但散曲在这方面，要比词活泼很多；格律上，词要求相对严格一些，散曲则没有过多的限制，更为自由随意一些；曲牌上，散曲的曲牌名称多种多样，如《山坡羊》《刮地风》《红秀鞋》等，多脱胎于民间俚语，和词相比，显然散曲更接近民歌一些。

（二）元曲四大家

有元一代，是元曲高度发达繁荣的历史时期，在此期间，涌现出了一大批优秀的元曲创作者，其中以关汉卿、白朴、郑光祖、马致远四人成就最大，影响力最为深远，他们被誉为"元曲四大家"，各自所创作的元杂剧，也代表了元代不同历史阶段、不同流派杂剧创作的文学成就。

关汉卿位列"元曲四大家"之首，他不仅是元代著名杂剧家，也是中国戏曲史上的重要代表人物。关汉卿的一生，创作了大量的元曲作品，其中以《窦娥冤》《救风尘》《望江亭》《拜月亭》《单刀会》等作品为优秀代表。

白朴在元代杂剧创作中，也占据着极为重要的地位。和关汉卿相比，白朴和下层民众接触较少，因此没能创作出像《窦娥冤》这种感天动地、反映底层民众生活的剧目，但白朴擅长历史题材的写作，如《唐明皇秋夜梧桐雨》《董秀英花月东墙记》《唐明皇游月宫》《韩翠颦御水流红叶》《薛琼夕月夜银筝怨》《汉高祖斩白蛇》等，故事情节生动，情意绵长深切，取得了良好的艺术效果。

马致远的杂剧多和道教有关，如《吕洞宾三醉岳阳楼》《半夜雷轰荐福碑》《马丹阳三度任风子》《开坛阐教黄粱梦》《西华山陈抟高卧》等。其中以《破幽梦孤雁汉宫秋》最为出色，被人赞誉为元曲四大悲作之一。

郑光祖的元曲创作，从内容上看，主要分为两大类，一类是描写青年男女的爱情故事，另一类是特定的历史题材故事，其中优秀代表作主要有《迷青琐倩女离魂》《醉思乡王粲登楼》《辅成王周公摄政》《虎牢关三战吕布》等。

❧ 学有所思 ❧

1. 元杂剧和散曲合在一起称作元曲，其中杂剧是戏曲形式，散曲是诗歌样式，两者之间有着一定的区别和联系，你能说出它们之间的共同之处吗？

2. 有人说，一般情况下，元曲主要是指元杂剧，是因为元杂剧的影响力远远大过散曲，这样的说法是否正确呢？

3. 关汉卿杂剧代表作《窦娥冤》里，塑造了一个什么样的人物形象呢？

4. 明清时期也有杂剧，它和元杂剧相比，有什么不同呢？

第五节　小说

一、小说的源起及文学地位

"小说"一词最早出现于庄子笔下。在《庄子·杂篇·外物》一文中，庄子这样写道："夫揭竿累，趣灌渎，守鲵鲋，其于得大鱼难矣；饰小说以干县令，其于大达亦远矣。"

在庄子眼中，那些依靠修饰琐屑言论以换取美好名声的行为，和那些玄妙的大道比较，两者之间的差距实在是太大了。

庄子之所以在这里以"小说"一词来作为讽刺之语，是因为在他生活的那个年代，百家争鸣，百花齐放，各种学术派别层出不穷；而各个派别中优秀的人物，为了让天下诸侯能够接受他们的思想主张，在游说的时候往往巧借神话，多以寓言的形式以增强说服力，这一切在庄子这里，都是属于"琐屑之言，非道术所在"的微末小道，因此以"小说"来加以讥讽。

实际上，中国最早的小说起源于古人所讲述的寓言故事，这也可以被视作是小说这一文学体裁的雏形。但在中国文学史上，长期以来，小说在文化演进过程中的历史地位一直不是太高。

东汉学者桓谭在《新论》一文中说："小说家合残丛小语，近取譬喻，以作短书，治身理家，有可观之辞。"

桓谭在这里虽然肯定了小说的社会功用，赞其有"可观之辞"，不过他依旧将小说视作"合残丛小语"一类的文学体裁。

同样，汉代史学家、文学家班固在《汉书·艺文志》中虽然提出了"小说家"的概念，但他依旧将小说家列为诸子十家之后，他在文中写道："小说家者流，盖出于稗官，街谈巷语，道听途说者之所造也。孔子曰：'虽小道，必有可观者焉，致远恐泥，是以君子弗为也。'然亦弗灭也。闾里小知者之所及，亦使缀而不忘。如或一言可采，此亦刍荛狂夫之议也。"

班固眼中的小说，和庄子的认知相同，依然将其视作"街谈巷语，道听途说"的小道。不过在另一方面，班固对小说的定义，已经初步具备了对小说文学形式的概括，认为这一文学体裁来源于创作者对社会生活的深刻认识，内容描写上以虚构为主，这和现代社会对小说的认识有所接近。

即使在明清时期，古典小说的创作已经趋于巅峰，但小说以及小说家，还是不被当时的学者所看重。时代发展到今天，小说早已成为和诗歌、散文、戏剧并列的重要文学体裁之一，其社会地位早已和古代迥然不同。

二、小说的演进历程

小说的雏形是先秦时代的各类寓言故事，这在《庄子》《韩非子》《战国策》等典籍中多有反映。

　　汉代以及魏晋南北朝时期，小说这一文学形式，主要以史传作品或文人志怪笔记的样式出现，如《左传》《战国策》《史记》《三国志》等，这些史传作品中对人物的形象描写以及故事情节的铺陈，都具备了一定的小说特征。

　　魏晋南北朝时期的志怪笔记体，是小说文学艺术发展的重要形式。这一历史时期的很多相关的文学作品，如干宝的《搜神记》、刘义庆的《世说新语》、王嘉的《拾遗记》等，在人物构造和情节设置上，更接近于小说的架构了。

　　"唐传奇"的出现，标志着中国古代小说的艺术创作已经定型。作为小说体裁的一种，唐传奇是唐代文人所创作的短篇文言文小说，人物形象更加饱满立体，生活气息也极为浓厚，取得了较好的创作效果。

　　宋代文学家洪迈评价唐传奇时说道："唐人小说，不可不熟。小小情事，凄惋欲绝，洵有神遇而不自知者。与诗律可称一代之奇。"在这里，洪迈将唐传奇和唐代诗歌两种文学体裁并列等齐，也表明在古代学者眼中，唐传奇在当时已然具有了极大的社会影响力。

　　唐传奇的优秀代表作品有很多，其中著名的有元稹的《莺莺传》、白行简的《李娃传》、李朝威的《柳毅传》等。

　　宋元时期，百姓生活富足，经济发展迅速，独具特色的市井文化在民众间兴起，这也给当时的小说创作提供了肥沃的土壤，各种形式的话本小说和演义小说层出不穷。

　　明清时期，开启了文人独立创作小说的新阶段，此时不乏传世巨著，如《红楼梦》可谓中国古典小说的巅峰之作，代表了古代文人极高的创作水平。除此外，创作于明清时期的《西游记》《水浒传》《聊斋志异》等小说作品都是不可多得的经典之作。

宋元话本的体制

其一是入话、头回。在开头部分，是正话之前的内容，往往以诗词或短小的故事作为开端。

其二是正话。正话也即正文部分，在描写上采取夹叙夹议的方式，讲究韵散结合。

其三是篇尾，又被称为下场诗。在文末部分，往往以诗词来概括整个话本的大意，或者用以交代故事的来源。

学有所思

1. 在"四大文学体裁"中，除了小说、散文、诗歌之外，还有哪一种体裁名列其中呢？

2. 中国古代小说有独立的文学品格，其趋于定型和成熟是在哪一个朝代呢？

3. 明清章回体小说是中国古代小说的巅峰，它在创作上都有哪些特色呢？

4. 中国古代小说历经萌芽、衍化、定型、发展、巅峰几个历史阶段，你能说出小说在各个历史时期的不同文学样式吗？

第六节 民间文学

一、源于"原始文学"的民间文学

作为一种学术名词，"民间文学"这一词语出现的时期较晚，它是在五四运动和新文化运动之后新出现的流行词语，其内涵是指广大人民群众在深深根植的生活文化和生活世界中，通过传承、共享等口头形式来传播的一种语辞艺术。

从民间文学的内涵定义中不难看出，它是一种来源于人民群众的口头创造和口头流传，并在流传的过程中不断地进行集体修改和艺术再加工的文学体裁样式，且带有现场展演的性质。

从文类上来说，民间文学包罗万象，神话传说、史诗、民间传说、民间故事、民间歌谣、民间长篇叙事诗以及民间小戏、说唱文学、谚语、谜语、仪式诵辞、曲艺等民间作品，都可以归属在民间文学的大范畴之内。

具体到中国民间文学，谈到它的根源，离不开远古时期的"原始文学"。在上古时代，那时还未诞生阶级的概念，然而作为人民群众智慧的结晶，诸如神话、传说、歌谣一类的口头文学作品，就已经悄然诞生了，这也是当时部落居民共有的文学。

随着社会的发展和阶级的出现，因为底层的民众大多被剥夺了文字的使用权，导致原始文学发生了分化，一个是专业的书面文学，另一个就是通俗的民间文学，两者之间处于微妙的对立关系中。

但后世很多书面文学对于"营养"的汲取，依然离不开民间文学，许多书面文学的内容也都来源于民间文学，后者对前者的影响无处不在。

民间文学的三种形态

从类型上看，民间文学有原生态、再生态和新生态三种类型之分。

原生态民间文学，主要是指从古时流传下来，时至今日依然在民众口头或实际生活中传承的民间文学，这一类民间文学现今正逐步走向消亡。

再生态民间文学，主要是指经过人的特意整理和加工，从而转化为书面或视听文学样式的一种民间文学，随着其传播形态的改变，这一类民间文学方兴未艾。

新生态民间文学，指的是根植于当代社会现实生活中，反映人民群众美好愿景和时代风尚的新故事、歌谣、谚语等等。这一类民间文学，随着诸如电脑、手机等新传播媒介的出现，将会有更大的发展空间。

二、民间文学的特征

（一）口头性

在过往漫长的历史发展时期，下层民众往往被上层贵族剥夺了文字的使用权，在这种局面下，对生活有着无限期望的广大人民群众，便采用了口头语言创作和传播的方式，以故事讲述、歌谣传唱等形式，催生并推动了民间文学的繁荣，所以口头性是民间文学的一大特征。

（二）集体性

梳理民间文学的诞生过程不难发现，民间文学是人民群众集体智慧的结晶，带有强烈的集体性色彩。这里的集体性，既包括作品内容的创作和作品的使用权，也包括民间文学诞生之后的整个流传、传播过程。

（三）变异性

民间文学首先带有口头性的特征，而这一特征，同时也决定了民间文学在传播过程中，不可避免地天然具有变异性的特点，因为在这些文学作品流传时，受说唱者的记忆准确度、传播者个人的情感好恶、时间以及地域等多种因素的影响制约，使得民间文学越往下传承，离原始民间文学的初衷与主旨越远，有些甚至完全背离了最初文学的意象象征。

（四）传承性

民间文学具有蓬勃旺盛的生命力，有些文学作品流传数千年而长盛不衰，在民众中依然有深远的影响力，这一切自然和民间文学的传承性的特征有着密切的关系。作为一种依靠口头语言传播的文学体裁，语言生生不息的强大活力，也决定了民间文学会一直世代传承下去。

（五）生活性

民间文学的本质内涵，来源于人民群众对生活的热爱和认识、对美好事物的向往，因此作为劳动人民长期社会生活产物的民间文学，生活性也是它身上一大鲜明标签，民间文学始终深深根植在"生活"这一土壤之内。

（六）人民性和艺术性

民间文学是广大劳动群众的思想智慧结晶，是集体性的一种文

133

学创作，这也使得民间文学带有典型的"人民性"特征。同时，民间文学作为文学形式的一种，本身的文学特性如人物、情节样样俱全，在呈现方式上，艺术特色非常鲜明，具有浓厚的艺术气息和艺术特性。

学有所思

1. 中国民间文学具有口头性，那么是不是就可以说，它和书面文学之间一定有着严格的界限呢？你又是如何理解和认识两者之间的区别与联系的呢？

2. 民间文学具有变异性的特点，你认为在语言和情节上，哪一种变异更大一些呢？

3. 通过对民间文学传承性的了解，你认为民间文学会有消失的那一天吗？有或没有的原因又是什么呢？

4. 想一想，现代社会的民间文学，除了图像、音乐、造型之外，还有哪些新的媒介和载体呢？

温故知新

一个国家、一个民族文明的发展进步，离不开本民族特定的文学文化，文学文化是民族之根、民族之魂。中华文明源远流长，在上下五千年的历史发展中，文学文化根植于这块深厚的人文土壤，得到了充足的滋养，由此形成了诸如先秦散文、诗、词、曲、小说乃至包含民间文学在内的文学体系，并传承影响至今。

从更为广阔的时间长度和空间广度上看，中国古代的文学文化，它的起源和中华文明的起源同声共振，并构建了自身独特的文学发展演进的脉络，具有鲜明的民族性、传承性和时代性的特征。在文学内涵上，中国古代文学文化以中国汉字为载体，极具张力和魅力，这在世界各民族文化发展史上，也是独一无二的。

认识和了解了中国古代的文学文化后，你能结合自己的理解，说一说中国文学对世界文明进程的巨大贡献吗？

第五章

书画艺术文化

　　书画艺术，是书法艺术和绘画艺术的合称。书法和绘画艺术作为文明的重要表征和信息载体，见证和记录了人类文明的演进与发展。

　　千百年来，在中国这样一个历史悠久的古老国度中，基于汉字独特的间架构造与字形字体，在众多杰出书法家的共同努力下，形成了俊秀飘逸、别具一格的汉字书法艺术。在世界各民族的语言文字中，优美的汉字书写艺术独树一帜，令人心醉神迷。

　　中国的绘画艺术和书法艺术一样，源远流长，传承有序，众多流派交相辉映，点亮了人类文明的夜空，光照千古。

　　从更为广阔的角度看，在世界文化艺术宝库中，中国的书法绘画艺术，无疑是这一宝库中耀眼的存在，在人类文明文化发展史上，留下了浓墨重彩的不朽印迹。

❀ 了解汉字的起源，认识汉字的形成过程与分类。

❀ 认识中国书法艺术的起源与演变历程，熟悉不同字体的书法大家，懂得如何赏析书法艺术。

❀ 了解中国画的发端，认识不同时期中国绘画艺术的特点。

第一节　汉字

一、汉字是如何形成的

在人类社会文明发展进程中，文字的诞生让人类由愚昧、野蛮跨入了真正的文明社会。中国汉字作为汉语的记录符号，至今已经有六千多年的历史了，作为世界上最为古老的文字之一，汉字是如何形成的呢？这就要从汉字的起源说起。

关于汉字究竟起源于何人、何时，在学术界中，有着不少的争论，这里来认识一下下面两种汉字起源说。

（一）仓颉创字说

在民间传说和相关典籍记载中，汉字的诞生，和上古时期仓颉这个历史人物有着莫大的关系，仓颉被视作"汉字之父"。

相传在"三皇五帝"的黄帝时代，各个部落之间因为缺乏必要的文字，在沟通交流时出现了很大的困难。黄帝的身边有一名叫作

仓颉的史官，根据自己长期的观察和经验总结，对万事万物"依类象形"，在此基础上创立了汉字。

对于仓颉造字的说法，古代的一些文化典籍中也有记载。《吕氏春秋·审分览·君守》中说："仓颉作书，后稷作稼。"

汉代的许慎在《说文解字》中也写道："黄帝之史仓颉，见鸟兽蹄远之迹，知分理之可相别异也，初造书契……仓颉之初作书，盖依类象形，故谓之文。其后形声相益，即谓之字。文者，物象之本；字者，言孳乳而浸多也。"

仓颉造字的说法流传非常广泛。然而我们从汉字的诞生和演进历程中可以看出，一整套汉字完全由一个人创制，显然是一件不可能的事情，审视仓颉的造字功劳，应当说，他至多是汉字的整理者或传播推动者。

（二）八卦说和河图洛书说

对于"汉字起源于八卦"一说，持赞成意见的学者认为，八卦是出自庖牺氏对客观自然世界的一种主观摹象，也即带有"依类象形"的味道。

《周易·系辞下》一文中对此解释道："古者庖牺氏之王天下也，仰则观象于天，俯则观法于地，观鸟兽之文与地之宜，近取诸身，远取诸物，于是始作八卦，以通神明之德，以类万物之情。"

西汉经学家孔安国在《尚书》一书的序言中说："古者庖牺氏之王天下也，始画八卦，造书契，以代结绳之政，由是文籍生焉。"

不可否认，八卦中的某些爻象，和汉字的结构之间有着一定的联系，然而还不足以将汉字的起源归于八卦身上。

"汉字起源于八卦说"之外，"河图洛书说"也非常有代表性。在民间传说中，圣人伏羲在黄河边看到有龙马浮现，身背"河图"，在洛水岸旁看到有神龟背负"洛书"出现，由此受到启发，创立了汉字。《周易·系辞上》说："河出图，洛出书，圣人则之。"沈约在《竹书纪年》注解中，将伏羲氏换作了黄帝，不过发现河图洛书的过程是一样的，注中写道："龙图出河，龟书出洛，赤文篆字，以授轩辕。"

一些学者据此认为，汉字其实源自原始的图画，在一些出土文物上面，常常发现有古人刻画的图形，他们据此判断，汉字应当是起源于上古时期用于记事的象形性图画。

然而需要我们进一步认识的是，"河图洛书说"在历史上更多的是一种神话传说，这一神话传说只能说明汉字或汉字的符号最早可能出现在河洛一带，这里是否为汉字真正的起源之所，还有待进一步考证。

二、汉字的演变与分类

汉字自诞生之后，从最初的象形文字，经历了长达数千年的演变过程，才形成了今天我们所熟知的简化字。那么在汉字的演变历程中，都有哪些字体、字形呢？

（一）甲骨文

甲骨文，指刻在兽骨、龟甲或甲骨制成的器物上的文字。在已出土的甲骨文中，殷墟甲骨文占据着极其重要的地位。研究者口中的甲骨卜辞，指的正是商周时期刻在兽骨或龟甲上的用来记录占卜的文字。

殷商灭亡后，甲骨文也被埋在殷墟之下，19 世纪末期，甲骨文重见天日，由此引起了学者的瞩目。时至今日，大约有 15 万片甲骨出土问世，上面的单字有 4500 多个。

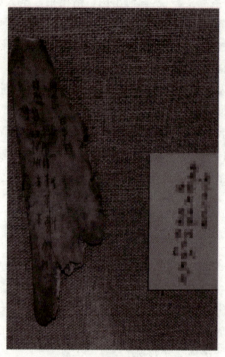

甲骨文

从已经识别出来的大约 1500 个甲骨文单字来看，殷商时期的甲骨文已经初步具备了"象形、会意、形声、指事、转注、假借"的基本造字法。

（二）金文

金文，是指铸在或刻在青铜器上的文字，因这类青铜器以钟鼎居多，故又称钟鼎文。上古时代，青铜器在古人眼里被视作"吉金"，因此被称作金文。

从殷商早期开始，直到秦始皇统一六国，金文在中国汉字历史上使用了长达 1200 余年。

从字形上看，金文和甲骨文结构非常相似，主要是为记录王室功绩或重大历史事件所用，内容多和祭祀、赏赐、征战有关。

（三）大篆

汉字发展到周朝时，出现了一种新的字体，人们将其称作"大篆"。大篆的称谓，是为了和秦朝时期的小篆相区别。

大篆字体的由来，和一位名叫史籀的历史人物有关。相传他是周宣王时期的史官，他在对汉字进行整理改革时，创制了"籀书"，也即大篆。

大篆的字形构造重叠较多，春秋战国时期在秦国得到广泛的应用。

（四）小篆

和大篆相对的汉字字体是小篆，小篆又名秦篆，由大篆演化而来，由秦始皇的丞相李斯所创制，以适应秦始皇统一六国后所提出的"书同文、车同轨"政令要求。

小篆字形形体偏长，笔画圆润，外形极为优美，因此深受世人的喜爱，直到西汉末年，小篆才被隶书取代。

（五）隶书

小篆虽然形体优美，字形奇古，不过在书写时不太方便，每写一个小篆，往往耗时较长，在现实生活中，难以满足书写种类众多的文书的需求。在这种情况下，书写人员根据实际需要，删繁就

143

简，字形由圆变方，笔画变曲为直，将"连笔"改为"断笔"，走出了一条"从线条向笔画过渡"的文字字形改革之路，以满足公文书写的现实要求。

在隶书的创制过程中，一个叫程邈的秦朝狱吏起到了很大的作用，他将新创制的隶书呈给秦始皇时，得到了对方的认可并下令颁行天下。因为用这类字体书写成的文书主要是给那些等级较低的下层官吏看的，而古代下层官吏被称"隶人"，所以隶书一名由此而来。

隶书的出现，弱化了汉字象形的特征，强化了汉字作为文字符号记录的功用，它的出现，使得古汉字和今汉字之间有了清晰的分界线。

但隶书真正走向成熟和定型，则是在汉代才得以完成的。因此隶书又有"秦隶"和"汉隶"之别。

（六）楷书

隶书盛行多年之后，汉朝末年、魏晋初年又出现了一种新的汉字字体，这就是今天我们所熟知的楷书。

楷书又名真书、正书、今隶。楷书的开创者，相传是东汉的书法家王次仲。在他的努力下，楷书逐步定型，以"形体方正，笔画平直"而著称。

汉末至三国时期的大书法家钟繇，是真正意义上的楷书大师。到了唐代，楷书更为盛行，如欧阳询、虞世南、颜真卿、柳公权等都是楷书大家。宋元时期的赵孟頫，也以楷书著称于世，与欧阳询、颜真卿、柳公权合称"楷书四大家"。

（七）草书

草书形成于汉代，在古时主要用于起草文稿或通信。发展至东晋时期，草书的书写形式又有所变化，形成了新体草书。当时的人们称汉代所流行的草书为"章草"，称当时所流行的新体草书为"今草"。

草书的书写，讲究字的体势一笔而就，笔势连绵环绕，狂放不羁，以狂草最有代表性。但草书因难以辨认的弊端，失去了文字记载和传播信息的功用，因此只能当作书法艺术欣赏。

（八）行书

相传，行书这一特殊的字体由东汉晚期的刘德昇所创造，它是介于楷书和草书之间的一种汉字字体。行书的出现，克服了楷书书写缓慢的弊端，又避免了草书难以辨认的缺憾。行书代表人物主要有王羲之、王献之父子，另外唐朝的颜真卿、怀素等人也很擅长书写行书，宋代的苏轼、宋元时期的赵孟頫、明代的董其昌等在行书上都颇有造诣，是公认的行书大家。

《游道场山何山》行书 赵孟頫

（九）印刷字体

印刷术出现后，出于印刷的实际需要，一种字形方方正正、横平竖直的字体出现了，这就是被称作"宋体"的印刷字体。

印刷字体有长宋、扁宋以及仿宋等多种变形，外形美观，易于辨认，一直是印刷行业使用的主要字体。

活字印刷模板

（十）繁体字和简化字

繁体字指中国传统汉字中的整个楷书、隶书等书写系统用字，繁体字大多字形复杂，较为难辨。

简化字是和繁体字相对的一种字体，是将笔画结构复杂的汉字偏旁部首加以简化的字体，是出于汉字规范化的一种现实需要。现

代社会我们主要使用的是经过简化的汉字，故称简化字。不能简单
认为汉字结构简单的字就是简化字，这是一种片面的认知。

学有所思

　　1. 汉字是世界上最为古老的一种字体，通过对汉字的了
解认识，你认为汉字的成熟字体是从哪一种汉字字体开始
的呢？

　　2. 汉字的造字方法有六种，又被称作"六书"，请谈一
谈你对六书的认识。

　　3. 汉字有着"方块字"的美称，请你结合自己对汉字的
了解，简要讲一讲汉字结构上的特色。

　　4. 简单的汉字，为何不能和简化字等同呢？请试举几个
汉字加以说明。

　　5. 东汉经学家、文学家许慎编写的《说文解字》是研究
古代汉字最为重要的依据，你对这本汉字字典有什么了解和
认识呢？

第二节　书法

一、走进书法艺术

（一）书法艺术的内涵

在中国文化发展史上，书法是一门古老的艺术，深深根植于中国传统文化的肥沃土壤。狭义的汉字书法，是指以毛笔为工具，遵照汉字的结构、书写规律、章法布局等要素，以美的形式将汉字书写艺术展现在世人面前。

广义的书法艺术，是对汉字这一文字符号书写规则的称谓，通过书写，让汉字呈现出独特的美感和艺术感。

从时间的长度来看，伴随着汉字的诞生和演变，书法艺术也一直常存常新，呈现出一种特有的文字美，蕴含着独到的审美情趣，散发着无穷的艺术魅力。

书法能够成为一门反映中国汉字形体之美的艺术，离不开以下三个因素。

其一，汉字。汉字作为音、形、义三者的结合体，是书法艺术的载体。形，是汉字的魂魄所在。汉字形体结构的特殊性，偏旁部首的搭配形态，是汉字能够成为书法对象的根本之所在。换言之，离开了汉字的方形结构，书法艺术也就不复存在了。可以说，离开了汉字，书法也就失去了灵魂，甚至根本不足以称之为书法。

其二，文房四宝。我们所熟知的笔墨纸砚，被称作文房四宝。这四种物件，是书法艺术得以淋漓尽致发挥的重要工具，也是书法家练习书法技能的必备器物，离开了笔墨纸砚，书法艺术自然就无从谈起了。

书法艺术不可或缺的"文房四宝"

其三，中国博大精深的传统文化对汉字书法艺术也有着重要的引领和指导作用。中国传统的美学思想要求书法写作能够体现出"神气兼具、筋骨全备"的气韵内涵，在这一美学思想影响下创建的笔法、章法等理论，为书法艺术的发展提供了专业、系统的理论支撑。

认识书法艺术的本体

　　书法艺术的本体，涵盖了笔法笔势、字法构法、章法、墨法等多个方面的内容。提笔用锋的方法，被称作"笔法"或"笔势"；字的形体构造，包括书写时字体内部各个点画的搭配、照应等，都被称作"字法"或"构法"；在一张白纸上写字时，需要注重整幅字的整体布局是否得当，尤其是字与字之间、行与行之间的搭配呼应，这些被称作"章法"；最后是墨法，也即下笔时的用墨之法，比如笔墨的浓淡、干湿问题，都属于墨法的内容。

（二）书法艺术的起源

　　在汉字产生之后，书法艺术也就随之诞生了。不过最初的书法艺术，并非现在意义上的汉字，而是一些刻画文字符号，或者是象形文字。例如，在距今八千多年前的裴李岗文化遗址中出土的远古时期的陶器中，就有很多这样的刻画文字符号。

　　人类社会早期的原始文字，是古人对自然万物的一种本能模仿，从美学上看，线条古朴、笔画简单的古文字刻画符号，已然有了一定的美学味道，可以看作是早期汉字书法艺术的萌芽与起源。

二、中国书法艺术的演变历程

汉字书法艺术的演变历程，经历了一个漫长的过程，从象形文字到甲骨文、金文，从甲骨文、金文又到大篆、小篆、隶书，乃至汉代以来的楷书、草书、行书等，每一种字体的演进，其实也都是汉字书法艺术的一次演进。

（一）书法艺术的雏形

在先秦时代，人们在书写汉字时，还未形成强烈自觉的审美意识，因此这一历史时期的汉字书法艺术，只能说是处于一个雏形阶段，也缺乏必要的书法理论体系的支撑。

到了秦代，随着小篆的出现，涌现出了一些书法大家。这一时期的书法家代表人物，自然非李斯莫属。他使用小篆书写的碑刻，如《峄山刻石》《泰山刻石》等，在书法艺术史上起到了开先河的作用，有着一定的影响力。

（二）书法艺术的成熟时期

秦代的小篆，虽然字形优美古朴，不过书写起来很不方便，在使用过程中，汉字的字形也开始悄然改革，从秦到西汉，汉字完成了从小篆到隶书的演进过程，史称"隶变"。

隶书和小篆相比，在字形结构上有很多突破革新，比如汉字的结体，从纵势改为横势，用笔也不再是单纯的中锋运笔，这样一来，极大地提升了书写时的速度，后世汉字书法艺术派系的兴起，源头正在于隶书的出现。

两汉时期，隶书盛行，书法艺术史上对此有"汉隶"的称谓。与此同时，行书、草书、楷书也在这一历史时期几乎全部涌现，可以说，汉代是中国书法艺术的成熟期，诸体皆备不说，还涌现出了一大批杰出的书法大家。

两汉时期的书法大家，从其各自书法艺术的形态上看，分为两大类，一类是以蔡邕为代表的汉隶书家；另一类是以杜度、崔瑗、张芝为代表的草书大家。

汉隶的碑刻，是汉代书法艺术独有的特色，这一历史时期的碑刻，字形端正，法度庄严，达到了隶书书法艺术的巅峰。

除此之外，草书这一最能代表书法家个性的书体的出现，也是汉代书法艺术成熟的一大标志。草书从草隶中演化而来，到了东晋时，草隶又进一步演化为章草和今草两种书体。

（三）承上启下、书法艺术高度繁荣的三国两晋南北朝时期

书法艺术发展到三国两晋南北朝时，汉代时期兴盛的隶书逐渐被楷书取代。相传楷书由书法家王次仲所创，楷书的出现，也是中国汉字形体的一大变革。三国时代的《荐季直表》《宣示表》等，就是楷书艺术的杰出代表。

两晋时代，中国汉字的书法艺术达到了高度繁荣的全新阶段。在整个两晋时期，除楷书外，行书也极为盛行，代表作有《伯远帖》《快雪时晴帖》等。

在这一历史时期，涌现出了一大批名震千古的书法大家，比如我们所熟知的王羲之、王献之父子，以及陆机、卫瓘、索靖、王导、谢安、郗鉴等书法大家，他们如璀璨的群星，点亮了那个时代的夜空，将书法艺术推向了一个新的高峰。

王羲之的书法，以行书见长，他的书法，有"飘若浮云，矫若惊龙"的美誉，所书写的《兰亭集序》，被赞誉为"千古第一行书"。

南北朝时期书法的一大特点是"北碑南帖"。南北朝时期，北朝文字刻石被统一称为北碑，又称魏碑。北碑形制丰富，包括碑碣、墓志、造像题记、摩崖刻石等。留存后世的代表作主要有《始平公造像记》《郑文公碑》《张猛龙碑》《敬使君碑》等。

魏碑书法在中国书法史上占据着重要的历史地位，唐代时期著名的大书法家，诸如虞世南、欧阳询、褚遂良等书法大家，他们的书法艺术风格，就深受魏碑书法的影响。

（四）书法艺术的鼎盛阶段

南北朝动乱之后，历史又进入了大一统的隋、唐时代，隋、唐两个朝代，国力强盛，物质极大丰富，文化活动也极为频繁，这为隋唐书法艺术趋于顶峰打下了坚实的基石。

和前代相比，尤为难得的是，隋唐时代，书法艺术被列入读书人学习的科目之中，被称作"书学"，有官方的支持，自然在主观上进一步推动了书法艺术的大发展，也使得书法理论开始逐渐形成体系。

隋唐时期的书法艺术，在继承和吸收前代书法艺术精髓的基础上，推陈出新，无论是草书、行书还是楷书，在这两个朝代都有了更大的发展，进入了一个新的天地，对后世汉字书法艺术的影响力，也是其他任何朝代所难以比拟的。

在这一历史时期，闻名后世的大书法家比比皆是，书法理论著作也层出不穷。其中的书法大家，有唐初的欧阳询、褚遂良、虞世南、薛稷四大家。他们四人的书法，总体上以章法严谨、结构庄重而著称，代表作有《皇甫诞碑》《大唐三藏圣教序碑》《孔子庙堂

碑》等。

除唐初书法四大家之外，著名的书法大家还有李邕、张旭、孙过庭、颜真卿、柳公权、怀素等人。其中，李邕的《岳麓寺碑》《云麾将军碑》、张旭的《肚痛帖》、颜真卿的《多宝塔感应碑》、柳公权的《玄秘塔碑》《神策将军碑》、怀素的《自叙帖》等，风格各异，丰神俊美，都是杰出的书法作品。

总体而言，唐代的书法艺术发展历程，大致可以分为初唐、中唐以及晚唐三个历史分期。唐初的书法，法度严谨，有魏晋遗风；中唐时代的书法，在传承中求创新，草书、行书、楷书的字法均有大的突破，这也极大地推动了唐代书法艺术攀登上了一个历史的高峰；晚唐时期的书法艺术，虽然比不过初唐和中唐，不过也有一定的特色。

（五）"帖学"盛行的宋代书法艺术

和唐代相比，宋代的书法艺术逊色了不少。宋代书法艺术发展相对滞后，其中主要的一个原因是这一朝代的诸多书法家们，以模仿前代名帖为荣，这在一定程度上限制了自身书法艺术的创新。

不过难能可贵的是，以四大书法家苏轼、黄庭坚、米芾、蔡襄为首的宋代书法家们在力图展现自我书法艺术风貌的同时，还在标新立异上下了一番功夫，产生了一种新的审美趣味。另外，宋徽宗赵佶独创的瘦金体个性突出、别具风格，在中国的书法史上也留下了浓墨重彩的一笔。

（六）崇尚复古的元代书法艺术

元代社会，书法家艺术创作的一大法则，是直接效法晋唐的书法法度，其中以赵孟頫最有成就。

赵孟頫作为书法大家，精通各类书体，在元代书坛上独占鳌头。其主要代表作有《度人经》《兰亭十三跋》《洛神赋》《妙严寺记》等。

（七）江河日下的明代书法艺术

和前代相比，明代的书法艺术显得刻板呆滞一些，尤其是在明朝早期，由于公文书写规范化"台阁体"的影响，"一字万同"，这也极大地限制了书法家们的创新思维，从书法艺术成就上看，没能涌现出大家宗师级的人物。

到了明代中后期时，书法艺术发展情况略微好了一些，涌现出了诸如祝允明、文徵明、唐寅、王宠、董其昌、邢侗、徐渭、米万钟、张瑞图、黄道周等书法大家。在书法艺术上，也有了一定的突破，比如张瑞图、黄道周、王铎等人，讲究书法艺术的震撼效果，极具个性化特征。

（八）中兴的清代书法艺术

清代的书法艺术，在一定程度上出现了中兴现象。嘉庆之前，清代书法崇尚"帖学"，书法成就不大；嘉庆之后，从道光开始，这一历史时期的书法大家们重视碑学，形成了大气渊懿的书风，在篆书、隶书和北魏碑体方面，取得了较高的书法艺术成就。代表人物主要有郑板桥、金农、邓石如、包世臣、张船山、赵之谦、何绍基、吴昌硕等人。

学有所思

1. 在中国，书法艺术具有悠久的历史，几乎伴随着中华文明的始终，请你根据对汉字书法艺术的认识，谈一谈书法和中国传统文化之间的联系。

2. 汉字的书法艺术，也是美学艺术的集中体现，从对书法艺术的了解出发，你认为什么样的汉字书写才称得上是好的书法艺术呢？

3. 在中国汉字书法艺术的演进历程中，哪一种汉字字形的出现，为历代书法派系的产生奠定了坚实的基础呢？请谈一谈你对这种汉字字形的感受与认识。

4. 为什么说三国两晋南北朝时期是中国书法艺术承上启下的高度繁荣时期呢？请你结合书法艺术的演进史，谈一谈自己的理解和认识。

5. 隋唐时代书法艺术的繁荣，除了书法家自身的天赋之外，还与哪些外界因素有关呢？

第三节　绘画

一、中国画的发端

中国绘画艺术具有悠久的历史，从华夏文明诞生以来，就一直伴随着中华文明的始终，并成为中国传统文化的重要组成部分。

中国绘画源远流长，如果要追溯绘画起源的话，早在新石器时代，也即距今六七千年前的远古先民们，已经拥有了对自然万物审美的自觉意识，他们或在自己居住的洞穴崖壁上作画，或是在制作陶器时在上面刻画绘制图案。

例如，在仰韶遗址上出土的人面鱼纹彩陶盆，上面所画的鱼、鹿等动物，就采用了红、黑、白等颜料，图案色泽艳丽，古朴生动，彰显了新石器时代先民们别具一格的审美趣味。

从各类文化遗址中出土的文物上看，古人原始绘画的技巧虽然稚嫩了一点，不过他们已经能够粗线条地描绘动植物的造型，能够紧紧把握眼前所画景物的形态神韵，将其主要特征一一捕捉在眼里，尔后又以图案的静态美，呈现在陶器或岩石崖壁上。

随着人类对绘画的进一步认知，越来越多的先民们在自身绘画意识的驱动下，又开始将目光投向了墙壁、绢帛等物品上面，他们以灵动的笔调，浓墨重彩地涂抹勾勒，将部落或王朝的宗教信仰以及对祖先的崇拜，全部以画的艺术形式呈现在世人面前。

例如，在商周时期的各类祭祀场所以及宫殿、明堂等地方，绘满了上古时期尧、舜、禹等民间传说中的历史人物画像以及天地、山川、神灵等图像。

从现今出土的青铜器、战国漆器、楚国帛画等文物来看，上面所绘制的纹饰线条流畅，简洁有力，生动形象，具有较高的艺术水准。这也表明在先秦时代，我国古代的绘画艺术已经发展成为一门相对独立且成熟的艺术。

二、中国绘画艺术的演变历程

（一）秦汉时期绘画艺术的发展概况

秦始皇统一六国之后，大一统的王朝进一步促进了中国绘画艺术的发展。不过现今存世的秦代绘画少之又少，能够让世人有直观感受的秦代壁画，当数陕西咸阳秦宫遗址中的宫廷壁画。在这些壁画中，画面中的人物形象层次分明，在远景、近景中大小不一，极为传神；画面中的车马及楼台等，线条运用也颇为流畅。

纵观这些壁画的全貌，画面布景、着色丰富多彩，人、物等图案种类繁多，架构清晰，显示着这一历史时期的中国绘画艺术，在承接先秦时代绘画技艺的基础上，又有了新的提升。

到了汉朝时期，绘画技艺越来越趋于成熟。其中的原因，和大汉王朝强盛的国力有着莫大的关系，尤其是随着丝绸之路的开通，东西方文化交流日益频繁，极大促进了汉王朝绘画艺术辉煌局面的形成。

汉代绘画的一大特色是人物画居多，且多以壁画的形式出现，这里面有两个因素起到重要的影响作用。一个是儒教的兴起，绘画成为汉廷加强统治的一种手段，人物类绘画蔚然成风；另一个是厚葬的风气在汉朝极为流行，在王公贵族的墓室内，墓室壁画、画像砖、画像石比比皆是，还有一些陪葬的帛画。

其中，洛阳卜千秋墓室壁画是迄今为止发现最早的汉代墓室绘画。除此之外，在各类建筑物的石壁上，还雕绘有大量的石刻画。

汉墓室壁画

汉代绘画的内容也异常丰富，其中主要有王公贵族生前的生活场景、历史故事、各类神话传说以及鬼怪形象等，这些绘画的技艺已臻于成熟，情节连贯，动态感十足，绘画风格或宏大豪放，或绮丽细密，形式不一。

在汉代画家群体中，也不乏拥有杰出成就者，其中最为著名的

是毛延寿（相传给王昭君绘制画像的那位宫廷画师）。

（二）魏晋南北朝绘画艺术发展脉络

绘画艺术发展到了魏晋南北朝时，和两汉相比，绘画的主体发生了重大变化。在这数百年中，一直是宗教画占据着重要的地位。其中的原因也不难理解，佛教自东汉传入之后，在汉末以及魏晋时期获得了大发展，这让宗教画的出现有了深厚的民间土壤。

同时在这一历史时期，社会一直处于动荡之中，这在客观上造就了宗教画的盛行，让佛教美术获得快速的发展。比如新疆克孜尔石窟、甘肃麦积山石窟、敦煌莫高窟等遗址，就有众多魏晋南北朝时期的宗教壁画，极具历史价值和艺术价值。

敦煌莫高窟中的壁画

在宗教画之外，魏晋南北朝时期的山水画也富有特色。当时的文人士大夫，在社会动荡的年代里倾向隐居避世，崇尚玄学清谈，他们将人生理想寄托于自然山水之间，在挥毫泼墨时，自然就大多以山水、花鸟为主题，无形中就引发了一股山水绘画的风潮。

在绘画领域，这一阶段的宗师级人物，首推东晋画家顾恺之。顾恺之擅长人物绘画，世人赞誉他为画绝、才绝、痴绝之"三绝"。在人物绘画上，顾恺之以"生动传神"为第一准则，他画中的人物，神态动作惟妙惟肖，令人拍案叫绝。

顾恺之的绘画艺术珍品，以《女史箴图卷》《洛神图卷》为主要代表。

六朝三杰

魏晋南北朝时期，除顾恺之之外，还有两位画家的绘画技艺登堂入室，达到殿堂的境界。一个是张僧繇。张僧繇是顾恺之之后的另一位著名画家。张僧繇的绘画，以"没骨法"著称于世。所谓的"没骨法"，就是指在绘画时，只使用彩色，不使用墨骨，通过色彩的深浅来提升画面的层次感和立体感。

另一个是陆探微。陆探微的绘画技艺也极为高超。他笔下的人物生动深刻，线条也如刀刻一般，在绘画艺术史上也有一定的影响力。正因如此，后人将顾恺之、张僧繇、陆探微三人并称为"六朝三杰"。

（三）成就惊人的隋唐绘画

隋唐时期，国家大一统的局面再次来临，在这种局面下，社会发展相对稳定，经济发展蒸蒸日上，对外交流活动也日趋频繁，这些因素的叠加，都在外部客观环境上为绘画艺术的兴盛和繁荣打下

了坚实的基础。

因此这一历史时期的绘画，无论是在绘画种类，还是在绘画手法与技巧上，都有了新的发展和突破，取得了令人惊叹的艺术成就。

隋代画家以展子虔为主要代表。展子虔留存后世的作品中，《游春图卷》具有高超的艺术水准，画作中人物、景物的安排布局相得益彰，透现出一种强烈的层次感和疏密相宜的空间之美。《游春图卷》画面精致，审美和创作手法迥异于前人，展现出方寸之地含蓄千里之姿的艺术特点，成为中国山水画承上启下的代表作品。

唐代宗师级的画家更是层出不穷。以阎立本、吴道子、王维等人为杰出代表。他们或以仕女画见长，或以宗教人物画为主，无不展示了自身深厚的绘画艺术功底。

其中，阎立本以《历代帝王图卷》《步辇图》等为代表作；有着"画圣"美誉的吴道子，开创了"兰叶描"的绘画技艺，他笔下的人物线条灵动，让线条在中国画中的表现力得到了全面的提升，代表作有《天王送子图》《十指钟馗图》等；王维的画作，历来有"诗中有画，画中有诗"的美誉，开创了文人绘画的历史先河。

（四）五代两宋时期的绘画艺术

短暂的五代时期，涌现的画家不多，其中以西蜀画家黄筌、黄居父子，以及江南的徐熙、荆浩、关仝、范宽、董源等最有成就。

宋代是中国绘画艺术的高峰，在这一历史时期，中国绘画艺术进入了一个新的天地之中。两宋绘画的大发展，主要得力于朝廷的重视，宋廷为此专门设立了"翰林画院"，并将绘画列入科举考试之中，这就极大促进了士人学习绘画的热情。

一方面，文人画家产生了高涨的绘画热情，以大量的精力投入被称为"院体画"的宫廷绘画之中；另一方面，宋代商品经济的繁荣，市井生活的丰富多彩，也促使文人画家将目光投向反映社会生活的风俗画的创作中。张择端的《清明上河图》，便是风俗画中的扛鼎之作，他画中繁杂的人物，充满生活气息的京都汴梁的众生百态，惊艳了千年。

宋代画家的杰出代表，有赵佶、苏轼、米芾、米友仁、文同、李唐、李嵩、赵伯驹、刘松年、马远等人。

（五）进一步发展的元、明、清绘画

元、明、清时代，中国绘画技艺得到了进一步的发展，在题材上，主要以山水画、花鸟画为主，个人情感在绘画中也得到了全面的抒发。

元代画家在绘画时，着重突出个人的情感和思想色彩，个性化味道浓郁。在元代众多画家中，以倪瓒、黄公望、王蒙、吴镇为主要代表，他们合称为"元代四大家"。黄公望的《富春山居图》技法出众，名动千古。

《富春山居图》黄公望

明代也是画家荟萃、画作异彩盛放的时代，文徵明、仇英、唐寅、沈周四人擅长水墨画，注重画作写意内涵的体现。唐寅等人之后，董其昌、陈继儒、戴进、吴伟等人也各有所长，流派纷呈。

徐渭是明代写意花鸟画的宗师级人物，他笔下的画，挥洒自如，笔墨纵横，令人叹为观止。

清代画家，在艺术革新上，以石涛、八大山人、"扬州八怪"（金农、郑燮、黄慎、李鱓、李方膺、汪士慎、罗聘、高翔）等为杰出代表，他们的画风力求简练传神，画笔运用刚健流畅，别有风味。

晚清时代，画坛上以"四任"（任熊、任薰、任颐、任预）和吴昌硕为代表。吴昌硕融书法、绘画、篆刻为一体，成为晚清当之无愧的绘画大家。

◖ 学有所思 ◗

1. 先民们在很早之前，就已经具备了初步的造型能力，开始尝试在器物或崖壁上作画，他们绘画的内在驱动力是什么呢？

2. 从汉朝和隋唐等大一统王朝绘画技艺的大发展中，你悟出了怎样的历史规律？请就国家的强盛和绘画的兴盛两者之间的关联性谈一谈自己的认识。

3. 张择端的《清明上河图》里都描绘了哪些内容呢？为何被誉为"国之瑰宝"呢？

4. 中国画从技法上看，分为写意画和工笔画两种。有学者认为，无论是哪一种画技，作者的思想情感最为重要，这才是国画的核心要素，你认为这种说法正确吗？

温故知新

中国绘画又被人们称作国画，它是中国传统文化的重要组成部分，在中华文明上下五千年的薪火相传历程中，绘画艺术始终深深根植于中华民族悠久的文化土壤之内。从古至今，诞生了无数宗师级的绘画人物，绘画流派也异常繁盛。这些都充分说明了绘画自身所具有的旺盛生命力和强大的影响力，它和书法艺术一起，在华夏民族的精神文化世界里绽放芬芳，清香四溢。

从绘画艺术的发展脉络中也不难看出，透过绘画艺术的表层，我们可以看到其内里所蕴含的朴素哲理以及美学观念。因为中国绘画有着不同于西画的透视理论，它不再单纯地拘泥于绘画对象外表上的形似，更为重要的是，它打破了时空的限制，融高度的想象力和概括力于一体，始终强调神似才是最核心的要素，也是绘画的灵魂所在。正因如此，中国的绘画艺术才具有独特的魅力。

从艺术特征上看，中国画注重"神似"，西方绘画，以"形似"为主要内涵，请你从对中国画和西洋画两者的了解出发，谈一谈自己的认识与感受。

第六章

传统戏曲与
舞蹈文化

　　中国的传统戏曲和舞蹈，都是中华传统文化宝库中的璀璨明珠，历经五千年文明的荡涤和浸染，不但形成了自己独特的艺术风格和美学样式，更打上了中华民族独特的气质烙印。戏曲凝聚和浓缩了人们在现实社会中的各种喜悦悲欢，而舞蹈则更是人们情感的生动迸发。

　　中国传统戏曲和舞蹈与人们的生活方式和风俗习惯紧密相连，历史悠久，思想底蕴和文化内涵都宽广而深邃，不但是我国传统文化宝库中的瑰宝，也是人类艺术宝库中的灿烂星辰。它们是中国文化的杰出代表，彰显着古人的伟大创造，带给华夏儿女高度的文化自信，也是中华文明成熟的标志和艺术的标杆。

【文化要点】

❋ 了解中国戏曲的起源和发展，认识中国五大戏曲剧种，理解中国传统戏曲独特的民族气质。

❋ 认识传统舞蹈的起源和发展，熟悉传统舞蹈的类型和特征，提高审美水平。

第一节　传统戏曲

一、传统戏曲雅韵流芳

戏曲，即"戏中之曲"，是一门集语言与形体于一体的综合性艺术，演员在戏中演唱唱词、讲述故事、表现角色情感，以及做出与之相应的行为动作，讲究的是"唱、做、念、打"。唱与舞是戏曲的重要表现形式。

（一）戏曲的起源

中国传统的戏曲最早可以追溯至原始社会的宗教祭祀仪式和巫觋祀神的乐舞中，为了祈求"天地神灵"的庇佑，远古祖先们试图通过形形色色的占卜、祭祀以及宗教仪式来取悦"神灵"，或求丰收，或求避祸，仪式中他们踏足而歌，载歌载舞，不时地敲击牛角，鞭打土罐，摆动着肢体，高声喊叫附和，以表达对"神灵"的敬畏和祝颂。原始祭祀舞蹈动作单一、乐器节奏强烈，逐渐演变成了祭天拜日的习俗，也诞生了原始宗教祭祀歌舞的形态。

后来巫术盛行，除了"敬神"的仪式，祖先们面对未知力量出于恐惧还进行所谓的"驱鬼"仪式，巫觋们装扮成"神灵"附体，戴木头雕凿的面具，手持木质棍棒，击打器乐，伴着粗犷刚劲的跳跃动作和唱词，以舞通神，驱鬼逐疫，这一系列对白、动作以及表情也催生了戏剧故事情节的萌芽。

春秋战国时期，原始宗教色彩日渐褪色，一些专门以歌舞戏谑耍笑供人娱乐的职业——"俳优""伶优"纷纷问世，常以滑稽的语言或行为来为宫廷贵族提供笑料，也出现了一批又一批具有娴熟技巧的民间乐舞表演者，如即兴表演、杂技、木偶戏、说书以及武术等。汉唐盛世，又相继出现了百戏、参军戏、歌舞戏等，传统戏剧的萌芽开始扎根在市井乡民中，为老百姓们所喜闻乐见。

但真正论及今日的传统戏曲艺术形式还要从宋代说起，刘埙在《水云村稿·词人吴用章传》中记载的"至咸淳，永嘉戏曲出，泼少年化之"，是"戏曲"一词最早的出处。元明清对于戏曲皆有历史文献记载，却对其内涵并未做出明确的界定，直至近代王国维开始，才把"戏曲"作为我国传统戏剧文化的统称，在《戏曲考原》中，王国维指出："戏曲者，谓以歌舞演故事也。"指出了传统戏曲"必合言词、动作、歌唱以演一故事"的特点，角色扮演、唱词或说白、肢体或表情动作都要按部就班地以故事情节为主线来进行，可谓恰如其分。

（二）戏曲的发展

根据现有资料研究，早在原始社会的歌舞中，戏曲的种子就悄然播下了，但戏曲萌芽虽早，发展成熟的过程却很漫长。自西汉之后，中国社会罢黜百家，独尊儒术，戏曲的发展脚步一直很缓慢。

1. 唐宋金时期的民间戏曲

参军戏是唐朝初年流行于宫廷盛宴中的表演样式，深受达官贵族们的喜爱。参军戏形式活泼，通过一问一答的方式表演，演员有男有女，情节冲突激烈，剧情复杂，对于宋金杂剧的形成起到重要作用。在民间艺术的沃土之中，更为通俗的说唱形式"俗讲"和"变文"，也于此时出现。

宋代的商品经济得到了极大繁荣，文化蓬勃发展，出现了市民娱乐场所——"瓦舍"和"勾栏"。老百姓的文化需求进一步加大，传统的民间歌舞、说唱和滑稽戏之间开始水乳交融，"宋杂剧"开始出现。勾栏瓦舍为真正意义上的戏曲——杂剧与南戏的演出提供了场所，市民经济的物质支持反过来进一步刺激了杂剧的发展。杂剧成为综合性戏曲，在北宋都城东京流行一时。南宋时，经历过国破家亡的百姓迫切需要一个能够抒发国恨家仇和个人离合悲欢的渠道，观看杂剧，就成了市民阶层最流行的娱乐方式。

宋朝时期，东南经济活跃，文化繁荣，南戏的创作氛围也较为浓厚。音乐方面，在南曲基础上吸收了北曲的曲牌，出现"南北合套"的局面，这样丰富了南戏的音乐美，唱词变得更加朗朗上口，也加速了南北杂剧合流，对推动戏曲的最终形成有重大意义。[①]

金代，杂剧艺术不断成熟，形成与北方杂剧相似但角色、技巧更丰富的金院本。在北方，金院本融合诸宫调，为元杂剧的形成奠定了基础。在南方，杂剧融合民间歌舞小调等艺术形式逐渐发展完善，形成独具特色的南戏。

---

① 张庚，郭汉城. 中国戏曲通史 [M]. 北京：中国戏剧出版社，2006：17-18.

诸宫调

诸宫调由北宋年间的说唱艺人孔三传在北宋都城东京所创，由此引发宋、金、元时期的杂剧大繁荣。

诸宫调融合了若干套长短不一、不同宫调的曲子，演出的时候轮流演唱。这样一来，它打破了之前的杂剧说唱只用一个宫调的弊端，音律和形式上有了丰富的变化，令人耳目一新。诸宫调以说唱为主，由韵文和散文组成，演出的时候歌唱和念白相间，已经很接近后世的戏曲音乐。以琵琶伴奏，也叫弹词。北宋的时候，诸宫调演唱杂剧的时候采用诸宫调，已经是非常普遍的做法。诸宫调的演奏跟说白配合，可以演出长篇传奇故事，演出的内容和形式都大大增强了。这支在东京绽放的说唱之花，对元杂剧艺术形式的形成功不可没。

2. 元杂剧的成熟

到了元代，在综合传统的各种表演艺术基础之上，元杂剧最终形成，成为与唐诗宋词并列的又一座文学高峰，之所以会有这样的成就，是因为戏剧经过千年的发展孕育，已经有了深厚的文化积淀。在内容和表现形式上，经过千年艰苦研究和摸索，技巧上达到了成熟。而传统诗文在经历唐宋巅峰之后，开始走下坡路。在所有的创作方式都被前人推向高峰而难以超越的情况下，剧作就成为艺术家眼中一块处女地，等待他们耕耘。

从社会角度来看，元朝的统治者废除科举，汉人知识分子仕途无望，从传统的四民之首沦落到社会的底层，在仕途无望、精神苦闷的情况下，杂剧对他们就有了一定的吸引力，去勾栏瓦舍看剧，在别人的故事中感动、伤怀，排解生活的哀愁，成了他们的一种生活方式。就这样，越来越多才华横溢的文人加入了杂剧的创作，元杂剧迎来了艺术发展的黄金时代。

元杂剧综合了宋杂剧的各种表演艺术形式，自成一体。在 12 世纪中期到 13 世纪初，商业性的杂剧演出团体运作成熟，反映现实生活和观点的金院本也已经出现。以关汉卿的《窦娥冤》和马致远的《汉宫秋》为代表的一大批优秀作品被创作出来，整个元杂剧剧坛名作云集，星光璀璨。

3. 明清传奇的创作

明清传奇是古代的一种戏曲样式，其萌芽和发展一方面受到了宋元南戏的影响，另一方面吸收了金元杂剧的人物及情节创作特点，并逐渐形成了自身的特色。明清传奇继承和发展了南戏体制，一个剧本开始固定为 30 出左右，分上下两折，结构更为紧凑，穿插着插科打诨，形式更为活泼。音乐也沿袭了南戏的曲牌联套，但更前进一步，同一部戏中，可以出现多个宫调，根据剧情，曲牌也得以丰富，所有登台的演员都可以演唱。

在明初，传奇这种创作形式还未广泛流传开来。明中叶以后，随着经济的繁荣发展，传奇受到了越来越多人的欢迎，题材也变得丰富多样，出现了像《牡丹亭》这样一批文辞典雅、艺术成就突出的杰作。《牡丹亭》自问世以来，风靡华夏四百年，直到现在，很多人对戏曲的了解，依然是源自这部《牡丹亭》。牡丹亭中的"游园""惊梦"片段，至今盛演不衰。这一时期的戏腔分成两种，一种是产生于安徽和江西的弋阳腔，深受大众喜爱，另一种则是受到贵族阶级追捧的昆腔。

到了明朝后期，折子戏的演出成为一时风尚。折子戏是从整本传奇中，将一些相对独立的片段摘出来，这些剧目都是全剧精华所在，内容扣人心弦，唱念做打俱佳，极具观赏性。对于熟悉剧情的观众来说，相比于整本戏，他们往往更喜欢剧情紧张、内容丰富的折子戏。譬如《玉簪记》中的"琴挑"，《牡丹亭》中的"游园""惊梦"，都是盛演不衰的折子戏精品。

4. 近代戏曲变革

辛亥革命前后，随着封建帝制被推翻，为了革新传统戏剧，赋予其更多的时代特质，使其更加符合新旧相交时期的时代发展需要，汪笑侬、潘月樵、夏月珊等戏曲艺术家积极投身戏曲改良运动，成为戏曲艺术改良活动的先驱，梅兰芳、周信芳和程砚秋等人，也各自做出了有益的探索和尝试。梅兰芳除了在京昆领域深耕，还在五四运动之前，出演了不少宣传民主思想的时装新戏。在越剧领域，"越剧皇后"袁雪芬高举越剧改革大旗，率先将编、导、舞、音、美融为一体，成为完整的综合艺术，让这个浙江民间的小剧种一举超拔为我国传统戏剧五大剧种之一。她主演的《祥林嫂》一剧轰动一时。

知识拓展

戏曲的表演手段

戏曲表演四大艺术手段是唱、念、做、打，也是演员的四种基本功。

"唱"是唱功，指的是运用声乐技巧展现人物性格，推动情节，通过唱腔传递复杂的人物状态，以强大的艺术张力倾吐心曲，感染观众。

"念"指的是音乐性念白，分为散白和韵白两大类，戏曲讲究千斤话白四两唱，足见念白的重要。念白是经过艺术提炼的语言，具有节奏感，与唱彼此协调，呈现完美的舞台效果。

"做"指的是做功，往往特指舞台上舞蹈化的形体动作。演员表演时，手、眼、身、步都有讲究，髯口、翎子、甩发、水袖都要按照程式化的技巧去表达，通过身段来彰显人物特点，以达到令人过目难忘的效果。

"打"通常指的是武功，将传统武术和格斗场景进行艺术提炼，以舞蹈化效果呈现出来。一般分为把子功和毯子功两大类。

二、中国五大戏曲剧种

我国现存已知的各民族剧种众多，各种传统剧目更是数以万计，其中最负盛名的五大剧种是京剧、越剧、黄梅戏、评剧和豫剧。2010年，京剧被列入人类非物质文化遗产代表作名录，其余四个剧种也都被列入我国首批国家级非物质文化遗产名录。

（一）京剧

京剧是我国的国粹，五大传统戏曲剧种之一，曾被人称为平剧。京剧的主要唱腔为西皮和二黄，佐以胡琴和锣鼓，听起来热闹喜庆，故而深受喜爱。

175

京剧的前身是徽剧。自清乾隆五十五年（公元1790年）起，在安徽享有盛名的三庆班进京，之后的四喜、春台、和春等徽班陆续进京。四大徽班进京，为京剧的诞生铺平了道路。四大徽班一方面跟湖北的汉调艺人合作，同时也吸纳了昆曲和秦腔的部分剧目，尤其是融合了他们的曲调和表演方法，通过不断的交流融合，最终形成了京剧。这个全新的剧种很受清朝达官贵人的追捧，进入宫廷后，蓬勃发展，到民国的时候，京剧的发展达到顶峰。

很多外国人都是通过那些缤纷的京剧脸谱知道和了解中国的。京剧的锣鼓响彻世界各地，成为中国向世界介绍自己的一张名片。

京剧

知识拓展

戏曲的表演行头和扮相

梨园有句话："宁穿破，不穿错。"戏服要符合台上演员身份。以京剧为例，其行头主要有蟒、宫装、官衣、帔、开氅、箭衣等。

蟒是帝王将相正式场合最隆重的礼服，颜色众多。黄蟒是帝王专属，红蟒为皇亲国戚或是重臣所穿，扮相深沉，不怒自威。女蟒则是后妃、公主和命妇所穿的最正式的服装。除了女蟒之外，贵族女性还有一种行头，是日常的便服，即宫装，宫装不及女蟒庄重，但论华美艳丽，却是有过之而无不及。

文官官服，称之为官衣，譬如状元要穿红官衣，高官穿紫，官职低一点的则穿蓝官衣，官职最低的穿黑官衣，这类文官多为门官和狱官。

男帔指的是男性家居休闲的服装，气质儒雅，家境尚可的男角色都可穿用。女帔和男帔长短不同，款式大同小异。褶子是不分男女老少都可以穿的便服。有刺绣的叫花褶子，纯色的为素褶子，大缎的叫硬褶子，绉绸的叫软褶子。

开氅是武将或权贵男性的日常便服。没有蟒和官衣那么正式，但比帔庄重。

箭衣是男角们骑马赶路、打猎、办案常用的戏服，武将被俘后，去掉长靠，往往也穿箭衣。箭衣形制简洁，穿起来干净利落。功能类似于户外运动服，但更精致考究。

（二）越剧

越剧长于抒情，唱腔凄美动人，在国内受众广泛，哀而不伤的曲调也感染了众多国外观众，以至于被国外观众称为"中国歌剧"。越剧是中国的第二大剧种，人称第二国剧，流传颇广，南北各地都有越剧的忠实听众。越剧本来是流传于浙江嵊州一带的民间小戏，自上海发祥，从同为南戏的昆曲和绍剧中汲取大量营养，逐渐发扬光大，传唱全国，四海风传。越剧发展过程中，经历了演员从以男子为主到以女子为主的转变。

越剧以唱为主，旋律优美，表演深情，唱腔婉转，辞藻华美，极有江南灵韵。题材多以爱情为主，歌颂才子佳人的悲欢离合。流派众多，仅得到公认的，就多达十三大派。无论是上海、浙江、江苏、福建、江西、安徽这样的南方地区，还是北京、天津等北方地区，到处都能听到越剧深情的吟唱。

（三）黄梅戏

黄梅戏是安徽的主要地方戏，原名黄梅调、采茶戏等，唱腔源于湖北黄梅县，故而得名黄梅戏。但是真正把黄梅戏发扬光大，却在安徽安庆。

黄梅戏是一朵带着民间泥土芬芳的戏剧之花，表演淳朴，节奏流畅明快，多以抒情小调为主，富有丰富的表现力。20世纪50年代，一曲《天仙配》石破天惊，让这个安徽的地方小调一跃成为四海传唱的当红剧种，至今流行于大江南北，受到一代代听众的欢迎。

（四）评剧

评剧流传于中国北方，在形成过程中，评剧吸收了清末河北滦县一带的小曲"对口莲花落"的唱腔和表演形式，经过不断改进最终形成，在河北农村广受欢迎，后来评剧进入唐山，人称"唐山落子"。20世纪20年代，评剧进入东北地区，受到广泛认可，也涌现出一批技艺高超的女演员。20世纪30年代以后，评剧吸收了京剧和河北梆子之长，不断成长，流派纷呈。

评剧分为东路评剧和西路评剧，以东路评剧为尊。评剧的经典曲目很多，1950年以后的《刘巧儿》《花为媒》等经典曲目传唱一时，涌现出新凤霞、小白玉霜、魏荣元等名角，这些经典曲目至今仍在华北和东北一带流行。

知识拓展

戏曲的行当

元杂剧盛行时期就已经划分出了一部分戏曲的行当，末、旦、净三大类均已出现。明末清初，划分得更为细密精确，最终形成生、旦、净、丑四大行当。

生——男主角，地位相当于元杂剧里的正末。清代以后，生又细分为老生、小生、外、末。这四个分支中又按照人物特点划分为老生、小生、武生，类型不同，唱腔和服饰等都有所不同。

戏曲行当——生

旦——青衣，又称正旦。旦行细分还可分为花旦、刀马旦、武旦、老旦。青衣饰演的人物性情坚毅稳重，年龄跨度从青年到中年。花旦饰演的都是比较活泼的青年女性，服装艳丽。老旦饰演老年妇女，一大特点是演出时用真嗓唱。武旦饰演武艺高强的巾帼英雄，性情爽朗。

净——俗称花脸，人们熟知的京剧脸谱，多为净行的妆容。此类人物性情粗豪，声音浑厚，按身份和艺术特点分成正净、副净、武净，也就是俗称的大花脸、二花脸、武二花。

戏曲行当——净

丑——喜角，特点是鼻子上方有豆腐块大小的白色装饰，看上去充满喜感。丑行重念白，不重唱功，要求口齿伶俐。

戏曲行当的分类根据不同的剧种分类不同，这里主要是以京剧为例子介绍的。

（五）豫剧

作为中国第一大地方剧种的豫剧，发轫于河南，是中原大地上开出的一朵戏曲仙葩。豫剧演出团体曾经漂洋过海，去过世界上很多国家，尽管语言不通，但是铿锵有力的节奏，一唱三叹的情感，都深深感动了西方观众，被赞为"东方咏叹调""中国歌剧"等。

豫剧的前身是河南梆子，在其技法基础上，豫剧不断探索和创新，最终有了今天的规模。豫剧以河南的简称"豫"而得名，这个诞生于中原大地的剧种以其铿锵的锣鼓、抑扬顿挫的唱腔、善于表达金戈铁马和英雄美人的故事、紧凑生动的内容、复杂深刻的人物内心戏等特点，广受人们的追捧和喜爱，辞藻警人，发人深省。

学有所思

1. 中国是一个曲艺的国度，你知道"戏曲"一词的真正含义吗？你知道何为传统戏曲吗？

2. 我国的戏曲在历史长河中经历了漫长的演变和积累，最终发生蝶变，成为今天我们看到的模样。你知道戏曲都有哪些发展时期，以及不同发展时期，都有哪些具体发展变化吗？

3. 中国幅员辽阔，几乎每个民族和地域，都有自己的民间剧种。流传至今的，有 360 余种。其中以五大剧种最为夺目，你知道这五大剧种都是哪些吗？

4. 五大剧种风格不同，京剧铿锵，越剧缠绵，评剧轻快，黄梅戏活泼，豫剧凝重，你都听过哪些剧种的戏，喜欢哪个剧种呢？除了这五大剧种之外，你还了解其他的剧种吗？

第二节　传统舞蹈

一、传统舞蹈的起源

中华民族有着五千多年的文明史，舞蹈文化几乎贯穿了整个华夏文明的始末，记录着舞蹈发展的实物和文字记载在华夏大地上几乎俯拾皆是。

从出土文物来看，早在五六千年前的新石器时代，陶盆上面便有舞蹈纹。《山海经》中也曾经记载"帝俊有子八人，是始为歌舞"，指出了歌舞活动的群体性特征。我国传统舞蹈不但有着极高的审美性，也具有深刻的思想底蕴和文化内涵，并在世界上享有盛誉。

舞蹈建立在人们的劳动和生活审美实践之上，是身体的自然律动，带给人们美的享受和遐思，但是中国传统舞蹈的起源究竟是什么，是一个至今众说纷纭的问题。概括起来，较为流行的观点主要有模仿论、游戏论、巫术论、情感论、性爱论、劳动论六大类，但是这六大类虽然各有其理，但也都有漏洞，不能完全概括舞蹈的起源原因。下面就传统舞蹈起源中的两种进行简要说明。

（一）劳动起源说

舞蹈是古人劳动缔造的精华，反映他们的一饮一啄和劳作生活。譬如汉族的秧歌，壮族的扁担舞和黎族的打柴舞等，描写的都是火热的现实生活，将劳动动作进行升华，就产生了动人的舞蹈。

舞蹈中，还有一个重要的内容板块，就是对爱情的反映。男女相悦，是人之常情，因此描写动人的爱情，展现青年男女相互爱慕的情怀，也是舞蹈悦目娱人、令人神往的一面，譬如回族的花儿，壮族的抛绣球，都是其中的佼佼者。

古人生活的时代并不平静，很多时候兵连祸结，剑舞和刀棍舞斗等舞蹈就应运而生，这些器械舞动起来虎虎生风，彰显出舞者的飒爽英姿，反映军旅戎马生涯，以及对英武男子阳刚之美的崇拜心理。

（二）祭祀起源说

由于先民缺少对自然万物的认知，于是将驯服洪水猛兽的希望都寄托于神明身上，因此出现了原始宗教和图腾崇拜，而这些祭祀活动中祭司们的一些动作，就是早期的舞蹈动作。祭司戴着各种面具，跳着神秘的舞蹈。而祭祀本身，更为这种舞蹈蒙上神圣的色彩。祭祀舞蹈历史非常悠久，祭祀的对象和种类极其繁多。中国人大多崇拜天地君亲师，因此祭祀天地神灵的舞蹈历来为统治阶层所重视，通常非常奢华和神圣。

二、传统舞蹈的发展

（一）原始社会的舞蹈

我国传统舞蹈历史悠久，可以追溯到蛮荒时期。上古时期的人类祖先将生存视为第一要务，他们通过集体劳动猎杀动物来获取食物，在火堆边分食的时候，就会映着火光"手之舞之，足之蹈之"，扭动身躯，双手在身上击打，或是来回跳跃，用脚踏地，变化各种动作，表示自己吃饱喝足的满足心情。这时候的舞蹈并没有刻意的动作程式，更多的是一种集体情感的狂欢，也是一种劳动技能演习，是娱乐带给人们精神愉悦的本能反应，但正是这种原始的身体律动，为后世的传统舞蹈奠定了基础。从后世的出土文物和记载之中也都能很清晰地看出舞蹈发展的脉络，也进一步印证了传统舞蹈的源头其实就是原始舞蹈。

（二）奴隶社会的舞蹈

进入奴隶制社会之后，生产力有了大幅提高，艺术开始跟生产活动剥离，有了专门从事舞蹈的舞者——主要从事祭祀乐舞，舞蹈成为封建礼制的一部分。

到了周朝，对乐舞的管理更为严格，使用何种乐器、人数多寡、场地大小等都有严格规定，等级森严，不可逾越。乐舞以"佾"为单位，一佾八人，最高级别是八佾，这是天子专属，其次分别是诸侯、大夫、士，乐舞人数依次递减为诸侯六佾、大夫四佾、士二佾。此时对舞蹈的内容也做出了严格的规定，天子在主持

大祭和大射的时候，可用雅乐《大武》《夏龠》等，而诸侯则只能用小舞，可见乐舞此时已经成为政治的符号，代表王权的至高无上，即便贵为诸侯士大夫，也不可逾越。[1]

（三）封建社会的舞蹈

汉代建立乐府，这是对乐舞进行管理的机构。汉武帝时期设立的乐舞机构，分成乐府和太乐署。乐府不但四处收录民间歌舞，还对乐舞人员进行教习和管理。而太乐署则是管理宫廷雅乐雅舞的机构。这些乐舞艺人，大多都容貌倾国，又有一身高超的舞蹈技艺，在宫廷内院中脱颖而出，成为政治风云中的一抹亮色。她们中的杰出代表，有汉高祖的戚夫人、汉武帝的李夫人等。[2] 汉乐府的设立，对后世舞蹈和音乐的发展影响很大。

隋朝时期，隋炀帝也仿制前朝设立了太常寺，这是专管乐舞的管理机构，负责的官员将前朝的乐舞弟子，以及从事歌舞百戏的艺人召集起来，还收了很多学生，称其为"博士弟子"，人数一度达到三万之多。隋朝统一了南北朝，结束了三百多年的战乱与割据，经济富足，四方宴然，舞蹈受到当时各个社会阶层的欢迎。

到了唐代，舞蹈得到了长足发展。唐代的统治者大多能解音律、喜歌舞。这种大唐歌舞，吸纳了西域诸国的音乐和舞蹈长处，别具雍容之态，尤其是宴享娱乐的燕乐更是达到了有唐一代乐舞文化的顶峰，其形式、技艺、规模，以及流传度都达到空前程度。人们对乐舞的追捧，促进了唐代的乐舞创作，在前人的基础上也诞生

---

[1] 曾小梅．中国民族民间舞蹈文化研究［M］．北京：文化艺术出版社，2015：15-16.

[2] 黄明珠．中国舞蹈艺术鉴赏指南［M］．上海：上海音乐出版社，2006：14-15.

了无数乐舞佳作。

唐代宫廷燕乐的最高成就，主要体现在十部乐、坐部伎、立部伎和歌舞大曲等综合性大型乐舞上，其中十部乐堪称一部民族文化大融合的文化史诗，是在汉魏六朝之后各民族大迁徙大融合后，民族文化交流碰撞的产物。

汉唐乐舞是我国传统乐舞的巅峰时期，王朝威加四海，八方臣服，展现了汉唐帝国海纳百川的气度和胸襟。为了显示四海升平的繁荣景象，统治者扶持乐舞机构，传承乐舞文化，培育和发掘乐舞人才，这一切都为乐舞发展提供了现实条件，造成了汉唐传统舞蹈的极大繁荣。这些气势磅礴又不失温柔敦厚的盛世乐舞，正是汉唐盛世的文化精神的人文写照，也是汉唐人昂扬奋发的民族精神风貌的集中体现。汉唐乐舞对后世文化艺术有着极其重大的影响，是传统艺术宝库中的璀璨珍宝。

唐代之后，宋代的经济发展，让歌舞艺术走向商业化道路。元杂剧和明清戏曲的异军突起，为舞蹈艺术提供了全新的发展平台。舞蹈开始跟戏曲结合，成为一种全新的表演方式，推动传统舞蹈向着全新领域不断探索。

知识拓展

坐部伎和立部伎

坐部伎和立部伎都是唐代宫廷乐舞，作为唐代最高级别的乐舞，有着极高的文化价值。唐开国以来，宫廷燕乐并无独创的作品，只沿用前朝的九部伎、十部伎，后来有了独立的创作，即坐部伎和立部伎。立部伎在堂下奏，演出者人数众多，多则 180 人，少也有 64 人。坐部伎则在堂上奏，内容多为帝王歌功颂德，表演人数多为 3 人到 12 人。立部贱，坐部贵，等级森严。坐部伎、立部伎最具代表性的作品，就是名震中外的《秦王破阵乐》。

三、传统舞蹈的类型

（一）按文化内涵分类

如果按照文化内涵进行分类，可分为农耕文化型舞蹈、游牧文化型舞蹈、海洋文化型舞蹈和绿洲文化型舞蹈。

农耕文化民族主要是汉族、壮族、苗族等民族，他们多以农耕为生，因此农事活动就成为他们的舞蹈的主要文化内涵。农耕舞蹈反映的是春种秋收等农业生产活动，以及舂米、淘米等农民日常生活，或是祈求感谢神明护佑，以及庆祝丰收等，浓缩了农耕生活特点，这方面最具代表性的舞蹈就是秧歌。

游牧文化型则主要是与那些生活在马背上的民族有关，譬如蒙古族、鄂伦春族和哈萨克族等，由于他们生活在广袤的草原，自然环境单一，日常生活也主要是以打猎和游牧为主，使他们形成了开朗、粗犷、豁达的性格，舞蹈也在这种氛围中孕育，充满纯真和质朴，奔放洒脱，带有浓郁的草原游牧民族特征。游牧民族舞蹈热情豪爽，崇尚英雄美人，善于展示马背骑士的雄姿英发，体现出开朗豁达的草原民族气质，写满了对生命的讴歌和对自由的向往。

海洋文化型舞蹈产生于沿海地区百姓的生活实践，舞蹈形式热烈开朗，具有大海的深邃，彰显出天人合一、感恩自然和造化的观念。

绿洲文化型舞蹈主要表现的是那些生活在沙漠绿洲边上的民族的生产和生活，这些民族大多能歌善舞，舞蹈有很高的表演价值。受到地域影响，这些地方的歌舞承袭古西域的乐舞文化传统，不同于中原舞蹈的含蓄规矩，在滚滚黄沙之中，显得更加神秘和魅惑。①

（二）按地理生态分类

传统舞蹈按生态特点可分为平原地区舞蹈、山区舞蹈、温带舞蹈、寒带舞蹈。

农耕文明中，农作物容易生长，生活在这里的人们，大多性情和顺，这种性格也反映在平原地区的舞蹈动态之中。

山区山路崎岖，山民腿脚较为灵活，因此舞蹈动作较为丰富，甩手、踏地、一顺边等，都是山区赋予舞蹈的馈赠。

温带舞蹈动作比较柔和，动作不似寒带舞蹈那么富有变化，也不及他们那么粗犷激烈，舞蹈节奏平和舒缓。

寒带气候严寒，人们的动作必须激烈快速，才能抵御严寒。因此寒带舞蹈的特征也表现为快速激烈、刚劲有力。

---

① 张媛艳. 浅析地域文化差异对舞蹈文化的影响——论中国民间舞蹈与外国代表性舞蹈的差异性［J］. 现代企业文化，2009（33）：79.

（三）按功能特征分类

传统舞蹈以功能特征分类，分为自娱性舞蹈、宗教性舞蹈、庆贺类舞蹈、节庆类舞蹈以及习俗类舞蹈等。

自娱性舞蹈是一种个人或群体性的自娱，舞蹈的时候，由开始的平静变得亢奋，再由亢奋重新归于平静，意与神接，达到身心的卷舒、性灵的自由，从而实现灵魂的自娱。

宗教性舞蹈中，佛教祭祀性舞蹈的代表是羌姆，俗称"跳神"，主要流传于藏传佛教寺院。伴随藏传佛教的流传，羌姆在流传地区不断加速与当地舞蹈的结合。散花舞和瑶族"度戒舞"，都是道教祭祀性舞蹈的代表，儒教的佾舞，是儒教的祭祀性舞蹈。除此之外，还有驱邪的傩舞，悼念亡灵的瓦孜嘿，这是丧事中的礼仪性舞蹈，体现着慎终追远的情思和对祖先的悼念。

庆贺类舞蹈中，有展现男女相恋的婚恋类歌舞，譬如苗族的跳月、牵羊等。未婚的男性吹奏芦笙出场，等待意中人的挑选，而姑娘们也穿戴盛装，还佩戴亲手做的装饰，跳舞给异性看，以寻求志同道合的伴侣。婚庆类歌舞则是指婚礼时的习俗性歌舞，在婚礼等喜庆宴席中表演，苗族、仡佬族至今保留婚礼歌舞的习俗。民族观念不同，歌舞也千姿百态，但都是为喜庆的日子再增添一份喜气。

节庆类舞蹈中，节日有单一性质节日和综合性质节日，农事节日、祭礼节日、纪念节日、庆贺节日和社交游乐节日，以及丰富多彩的民族节日，都是舞蹈大显身手的舞台，譬如景颇族的"木脑纵歌"，就是一种场面浩大的集体歌舞。① 节日歌舞是节日活动的重要部分，自然增加了其喜庆的色彩。

---

① 曾小梅. 中国民族民间舞蹈文化研究 ［M］. 北京：文化艺术出版社，2015：26-27.

还有一种舞蹈是习俗类舞蹈。我国是一个有着五十六个民族的大家庭，每个民族都有自己的民俗活动。而这种民族活动之中，又离不开热闹欢快、又唱又跳的舞蹈。譬如汉族的春节、端午节，以及各种灯会、社火等民间吉庆活动。对于以能歌善舞著称的少数民族来说，他们的节日更离不开欢庆的舞蹈。比如大家熟知的维吾尔族的古尔邦节、蒙古族的那达慕大会、傣族的泼水节等活动上的舞蹈，都是最为人所熟知的民族舞蹈。

古人生产力低下，日常生活除了注重节日之外，也很注重庆祝丰收、消灾祈福、婚丧嫁娶等各种民俗。在这些欢庆的民间庆典中，舞蹈也扮演着重要的角色。陕西的作长揖、背花鼓，藏族的果谐等，都是独具特色的舞蹈。陕西作长揖是将汉唐的长揖和后世的拱手揖混合后进行简化的乐舞，舞蹈时鞭炮齐鸣，非常欢快古朴；背花鼓是一种民间祭祀性群舞，由于鼓手表演时要背一个扇形花架而得名，一边击鼓，一边双脚左右跳跃；果谐则是流传于藏族农村的古老民间歌舞，随时随地都可演出，无须伴奏或串铃伴奏。果谐和背花鼓，都表达了农民对安居乐业和五谷丰登的期盼，是常见的民间歌舞。在讲究红火热闹的中国人习俗中，各类庆典都离不开一身火红的群体舞蹈以及锣鼓喧天的喧闹锣鼓，起到消灾祛邪、祈福祝愿的目的。

（四）按舞蹈形象分类

按形象分类，传统舞蹈分为形象型舞蹈和非形象型舞蹈两种。

形象型舞蹈指的是模仿动作表现生产、葬礼、战斗等场景活动的舞蹈。这些舞蹈中，有的模拟巫术动作，达到与巫术相似的结果；有的模拟生产生活，表达对劳动生产的歌颂；有的则模仿夸张变形的动作，达到娱乐的目的；有的则模仿一些优美的动作，期盼生活美好祥和。

191

非形象型舞蹈有治病舞蹈、生殖舞蹈、婚礼舞蹈、社交礼仪舞蹈等，这些舞蹈动作酣畅淋漓，舞者在狂舞中冯虚御风，摆脱外界事物，这样的舞蹈更能宣泄情感，完成自我超脱。

通过不同舞者的类别划分，还能分成青楼伶人舞蹈、流浪艺人舞蹈、民间善舞者舞蹈等。青楼伶人大多色艺双绝，在小范围内服务于上层社会的伶人，往往能贡献出水准上乘的歌舞，既有形式美，又富有变化，动作娇美，情感细腻。

在漫长的传统舞蹈发展过程中，流浪艺人的舞蹈为推动舞蹈发展起到至关重要的作用。流浪艺人萍踪浪影，既在城里卖艺，足迹也深入乡野，是宣传和推广舞蹈的民间使者。

（五）按流传范围分类

传统舞蹈分为民族民间舞蹈和宫廷舞两种。

民族舞蹈内容源于人民群众的生产和生活，以舒缓优美或是活泼奔放的肢体语言，将日常活动抽象化，也称为民俗舞和土风舞。

宫廷舞则是宫廷燕乐的舞蹈，内容有的来自民间，有的是宫廷乐师在民间舞的基础上创作完成，内容大多表现为对帝王功绩的歌颂，以及对盛世的讴歌，形式华丽，结构严谨，代表着当时舞蹈的最高水平。著名的宫廷舞有惊鸿舞、盘鼓舞和霓裳羽衣舞。

惊鸿舞是唐玄宗宠妃梅妃的成名舞，以写意手法表现鸿雁在天的飘逸洒脱形象，舞姿极其飘逸空灵，很受唐玄宗的称赞。

盘鼓舞起源于汉代，舞者在排列在地上的盘子和鼓上舞蹈。技艺越高的舞者，地上的盘鼓越多。

《霓裳羽衣曲》又称为霓裳羽衣舞，是最负盛名的唐代宫廷乐舞，相传为精通音律的唐玄宗所创，是玄宗为祭献太上玄元皇帝老子所作的道教乐舞，是传统舞蹈中最光彩照人的杰作。

四、传统舞蹈的特征

舞蹈是流动的诗篇，展现出了令人惊叹的动作美和人体美。作为传统文化不可或缺的一部分，传统舞蹈展现了不同民族的精神风貌和民族个性，彰显出独特的民族文化神韵，谱写着令人神往的民俗风情。这些舞蹈在岁月长河中被不断发展和完善，具有厚重的文化内涵和独特的文化特点。

（一）以农耕文明为基础

《史记·管晏列传》有云："仓廪实而知礼节，衣食足而知荣辱。"中国是一个农耕社会，历朝君主都以农桑为强国之本。在这样的思想浸染下，可以说，每一寸山川和河流，都浸染农耕文明之色。

传统舞蹈和习俗风尚正是农耕文明的产物。很多舞蹈比如社火、秧歌、花灯等，都是围绕着农耕文化创作出来的，都跟农业生产、岁时节令密切相关，是农业活动的缩影。

（二）鲜明的祭祀性

传统舞蹈和民间祭祀之间有着千丝万缕的关系，在原始社会的舞蹈中，舞者多为祭祀中的"巫"，他们跳的祭神舞蹈充满了神秘色彩。随着时代的演化，上古时期共形成四种舞蹈祭祀形式，分别是巫、傩、雩、腊祭。这四种祭祀形式贯穿于整个封建社会，直到现在，依然能够在一些民间舞中看到它们的影子，比如在陕西广大地区，就保留了很多之前的巫舞，具有代表性的是，陕南地区端公表演的"羊皮鼓"、"水龙"以及陕北地区的"三山刀",华州的"背花鼓"。

如被广泛熟知的陕北"老秧歌",每逢春节前后开展,是陕北很多地方神会会长带领秧歌队去庙里拜神祈福的重要活动形式,这种舞蹈活动是周代兴起的"乡人傩"的古老祭祀活动的遗存。[①]

(三)图腾崇拜

远古时期的先民们,深深眷恋着自己的家乡,他们赋予家乡的一草一木以高洁的神性,还把家乡一些具有代表性的动植物当作共同信仰的民族神灵。这些事物寄托着先民对美好生活的向往,也承载着宗教文化方面的内容,在不断的孕育发展中,呈现出鲜明的民族特点。

龙是中华民族共同的图腾,中华民族以龙的传人而骄傲,因此很多舞蹈,也以龙为核心进行构思和演出。譬如社火里面的火龙和老龙、板凳龙,都是常见的舞龙舞蹈。还有一些舞蹈,虽然并非舞龙,但其队列队形,也依然以龙命名,譬如"乌龙绞柱""二龙出水""龙爪穿云",这些名称的背后,都是人们对图腾崇拜心理在舞蹈之中的表现。[②]

(四)宗教意识

作为我国唯一的本土宗教,道教在中国土生土长,其祭祀活动

---

① 曾小梅.中国民族民间舞蹈文化研究[M].北京:文化艺术出版社,2015:20-21.
② 曾小梅.中国民族民间舞蹈文化研究[M].北京:文化艺术出版社,2015:9.

中的"拜四方""八卦鼓舞",就源自传统舞蹈。而这些舞蹈本身也有着浓烈的宗教意识。庙会活动极大地促进了文化的交流和互动,对传统舞蹈的继承和革新起到了重要作用。

(五)独特的审美心理

传统舞蹈的审美,是民族精神和思想情感的外化,也是民族精神理念的凝聚。

传统舞蹈中,以汉族为主体,其审美心理和审美特点表现为以下几点:第一,道家阴阳学说中八卦的对称结构和影响;第二,百姓对红火热闹、团圆喜庆的由衷喜爱和向往;第三,将诗歌乐舞结合在一起的综合性乐舞形式;第四,托物言志、托物寄情的表现手法;第五,基于传统的天圆地方的观念,动作编排多编成圆形。在舞蹈中,要尽量展示身体的曲线,从玲珑有致的人体中,展现舞蹈的玲珑和秀美。[①]

学有所思

1. 关于舞蹈的起源有巫术说、劳动说等六种,你赞同哪一种观点呢?能说出你的理由吗?

2. 戏曲经过千年的孕育,到宋元才最终成熟。相比之下,舞蹈成熟的速度就大大加快,早在汉代,就已经蔚为大观。为什么会出现这样的情况,你能说一下你的理解吗?

---

① 黄明珠.中国舞蹈艺术鉴赏指南[M].上海:上海音乐出版社,2006:18-19.

3. 舞蹈的发展，从原始社会到清朝，每个阶段都有自己的优秀作品。你能说出舞蹈发展脉络，以及与之对应的作品吗？

4. 我国传统舞蹈是我国传统文化的瑰宝。你喜欢什么样的舞蹈，都知道哪些传统舞蹈的曲目名称呢？

温故知新

　　戏曲和舞蹈，一个愉悦了我们的耳朵，一个愉悦了我们的眼睛。戏曲的发展，经历了漫长的岁月。戏曲和舞蹈相比，是一种综合性的艺术。它融合了唱腔和舞蹈，是一门更加立体的艺术种类。戏曲讲究唱念做打，既要有温情脉脉的文戏，也要有精彩激烈的武戏，文武结合，才能共同呈现出扣人心弦、张弛有度的剧本效果，给观众一场视听方面的饕餮盛宴。因此戏曲除了要有优美唱腔之外，舞台动作的设计也至关重要。你知道舞蹈的发展对戏曲艺术有哪些方面的推动作用吗？你更欣赏哪个剧种的戏曲，更欣赏哪个朝代的传统舞蹈呢？

第七章

传统工艺文化

　　瓷器、雕塑以及服饰作为中华民族最负盛名的优秀传统工艺文化，融汇了祖辈们的生活智慧，让一代又一代的后人们领略到了前人风雅的生活之美。

　　陶瓷是中国人最引以为傲的文化名片，以瓷为媒诉说中国故事；雕塑则以凝固的艺术之美，带我们穿越时光，领略古人的风采和神韵；服饰则以灿若云霞的雍容气度，向世人彰显大国衣冠的华美和风范。

　　每一门传统工艺都是依靠着先人们的经验口传身授传承下来的，延续着华夏民族上下五千年的造物智慧与审美追求，为各民族文化发展烙上了独特的文化印记，也承载着一个国家和民族既有的诗意与乡愁。让传统工艺文化薪火相传，让璀璨的技艺更好地走进生活，是当代青年学习、传承、发展中华优秀传统文化的重要内容。

✿ 了解中国瓷器的发展历程和制作工艺，认识瓷器的分类，了解不同种类瓷器具有的特征。

✿ 了解中国雕塑的起源与发展，认识不同性质、用途和材料的雕塑，赏析经典雕塑作品。

✿ 认识汉民族传统服饰特点，了解中国少数民族传统服饰的特色。

第一节　瓷器

　　在历史发展进程中，瓷器从粗糙的陶器逐步蜕变成现如今薄如纸、明如玉的精美瓷器，这中间有着漫长的演变过程。根据不同特点与特色，瓷器大致可以分为原始瓷、青瓷、白瓷、青花瓷、彩瓷五大类。在这一章里，我们就来一步步了解瓷器的前世今生，看它是如何在高温淬炼之中完成华丽转身的。

一、原始瓷

　　原始瓷，顾名思义，是瓷器在原始阶段的制品，向上继承了制陶技术，向下承接了陶瓷发展源流。早期，人们通常将其称之为"釉陶"和"青釉器"。原始瓷器型高且朴拙，大多模仿的是上古器型如尊、罍、簋、壶、鼎等器物，也有仿制春秋战国礼器的制品。

　　原始瓷广泛分布在黄河及长江中下游地区，河南、河北到江西、江苏，均能从出土实物中找到它们的痕迹。

　　原始瓷创制可以追溯到 3500 年前的商中期。商后期进一步发展，性能大为提升，品种更为丰富，质量也更高，产地更加广泛。

　　春秋晚期，江浙改善了制坯法，采取轮制，器型从此更规整，胎壁变得更薄，釉料很容易涂抹均匀，器型也从礼器开始向生活用品转变。从商到春秋的原始瓷，制作方式是一脉相承的，产地大多分布在盛产瓷土原料的江南地区，可见原始瓷工艺对原料的重视。[①]

西周时期的原始青瓷罐

　　瓷器烧制需要有满足制瓷条件的原料、1200℃以上的高温以及在瓷器表面施釉的技术，三者之中，最关键的是找到适合烧制瓷器的原料。根据出土的原始瓷来看，还处于由陶器向瓷器过渡的时期，处在制瓷的初级阶段。但是这个时候的原始瓷已经具备了烧制瓷器所需的条件，较之于陶器更坚固耐用，表面的釉也增加了明亮度和美观度。

　　原始瓷制坯采取的是泥条盘筑法，也有人在瓷器表面拍印纹饰。其中，有些瓷器在外壁和内壁上都均匀地涂上釉，也有一些是在内外壁的上部涂釉，下部则不涂，而且釉的厚薄也是不均的，甚至还有流釉的现象。

---

　　① 潘佳来．中国传统瓷器［M］．北京：人民美术出版社，2006：94-95.

二、青瓷

青瓷作为我国著名的传统瓷器中的首要代表，是在瓷坯施青釉烧制而成，其外表呈现青色，由此而得名。

青瓷产地并不固定，最令我们熟知的是唐代越窑、宋代官窑、汝窑、龙泉窑、耀州窑等，各大窑烧制的青瓷种类繁多，但绝大部分都是青瓷。作为广受喜爱的瓷中珍品，青瓷以"青如玉，明如镜，声如磬"著称，瓷质细腻干净，造型浑朴天然。早在商周时期，青瓷就已经出现。但是当时所烧制的青瓷杂质多，气泡大，工艺不够成熟，釉色也不稳定，依然处于青瓷烧制的原始阶段。青瓷的产地分布非常广泛，河南、河北、北京、陕西、山东、安徽、江苏的商周遗址和墓葬群里，四处都可见到这一抹淡青。

东汉时期，青瓷制瓷工艺有了长足的进步。浙江上虞东汉小仙坛窑址中出土的青瓷，烧制温度已经突破1300℃，技术已经成熟。上虞一带，隋唐时期这里属于越州，因此这里的瓷窑，统称越州窑，越州窑技艺的成熟标志着青瓷技术的初步形成。

南北朝的时候，青瓷开始有了南北青瓷之分。淡灰色青瓷多出现在南方，其质地洁净坚硬，釉色纯净剔透。而北方的青瓷相较于南方而言，釉色青中泛黄，釉面开片细密，更为厚重朴实。河北景县出土的北齐青瓷莲花尊，造型华贵优雅，是一尊不可多得的青瓷艺术珍品。

青瓷如冰如玉的釉质，赋予其玉壶冰心的特质，使其得到历代文人雅士的普遍喜爱。为了满足文人们的赏玩需求，青瓷先后开发出缥瓷、千峰翠色、艾色、翠青、粉青等品种。唐宋时期，对青瓷的追捧，成为上流社会的一种潮流。这一时期的青瓷手感细腻，线条明快，造型浑然天成，虽然是纯色，但窑变后的斑斓开片，赋予

203

了青瓷独特的艺术审美。宋代的人们对于青瓷情有独钟，尤其是芙蓉样式的青瓷，因其名贵非凡，买卖双方都是非富即贵。

北朝青瓷莲花尊　　　　　　北宋青瓷四鋬壶

三、白瓷

白瓷瓷胎素白，表面上有一层透明釉，展现出清水出芙蓉的天然之美。

邢窑是我国有史料记载的最早的白瓷窑址，其创烧于北朝末年，其发展于唐朝达到了鼎盛，成为七大名窑之一。邢窑是当时的白瓷生产中心，邢窑瓷器被誉为白瓷鼻祖。邢白瓷有粗白瓷和细白瓷之分。邢白瓷的风靡，打破了青瓷长达两千多年独霸江湖的局面。越窑青瓷和邢窑白瓷各领风骚，是"南青北白"的重要代表。

白瓷工艺萌芽很早，长沙出土的东汉古墓中就已经出现了早期白瓷，但是直到隋朝，白瓷技艺才真正成熟。隋朝的白瓷胎质洁白无瑕，釉面光润如镜，釉色经过一代代匠人们的改进已经非常纯净，不再出现泛青或白中泛黄的情况。唐朝时候，白瓷的窑口遍布河北、河南、山西、陕西和安徽，无论是数量还是质量都与越窑青瓷不分伯仲。

唐朝之后，白瓷窑场开始蓬勃发展，在邢窑的带领下，涌现出河北的定窑、磁州窑等一大批名窑，尤其是北宋时，定窑在继承、创新邢窑细白瓷工艺的基础上，发展了镶金边、上金彩等工艺和手法，最终成为一代名窑。

邢窑玉璧底碗

五代之前，白瓷大多由北方生产。五代期间，景德镇开始烧制白瓷。

宋代时，福建德化也在烧制白瓷。到了元代，青花崛起，白瓷制作进入低谷。景德镇烧制的卵白釉，催生了明代白瓷的发展。到了明永乐年间，白瓷最高成就——甜白釉烧制成功，但此时已经是青花和斗彩各擅胜场的时刻，纯白瓷的制作已进入低潮。除景德镇之外，德化白瓷有着极高的声誉，其光泽如玉，色如凝脂。德化白瓷的上品，在光照之下仔细看去，白中带粉，或有乳白色的凝脂状的观感，故又有"猪油色""象牙白"之称。

205

知识拓展

教你辨认斗彩、珐琅彩、粉彩

1. 斗彩

斗彩，也称为逗彩，明朝宣德年间创烧，但宣德年间的实物已经很难见到。在斗彩中，以成化年间的斗彩杯最为名贵，但成化斗彩大器不多，多以小巧别致的盅式杯、鸡缸杯、小把杯等为主。

斗彩是青花釉下彩和釉上彩结合而成的一种陶瓷工艺手法，它通常是先用 1300℃ 高温烧成釉下青花，然后用矿物颜料在烧成的青花之上绘画，或是点染其青花轮廓，起到相得益彰的效果，然后入窑低温烘烤而成。斗彩对匠人的技艺和审美要求极高，两次入窑，最终方可蝶变成为现如今的稀世珍宝。斗彩的色彩绚丽，笔法生动细腻，是承载明人审美的一种瓷器技艺。

清代乾隆年间的斗彩
缠枝莲纹兽耳瓶

2. 珐琅彩

珐琅彩是常见的彩绘瓷器装饰手法，创烧于清雍正晚期，到乾隆时风行天下，被后人称为"古月轩"，国外则称"蔷薇彩"。珐琅彩色泽明艳，画工精致细润，彩料重，用珐琅彩对瓷器进行装饰，属于釉上彩的一种。

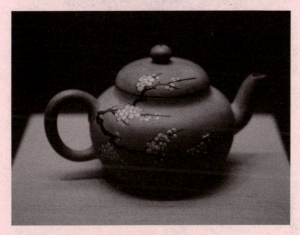

清代珐琅彩白砂茶壶

3. 粉彩

粉彩是清廷所创烧的又一彩瓷，具体做法是在烧制好的胎釉上打上含有砷的粉底，然后上色，用笔晕染开，这时候，砷的腐蚀作用在瓶身上产生粉化效果，使它的彩呈现了过渡的颜色，红色变成了淡红色，绿色变成了淡绿色，给人以粉润柔和之感，故称之为粉彩，其中工艺最为精深的是雍正年间的粉彩，其色泽艳丽妩媚，最为人称道。

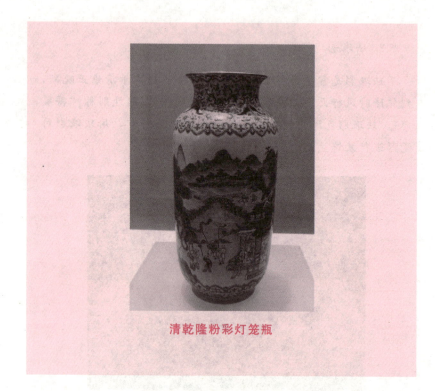

清乾隆粉彩灯笼瓶

四、青花瓷

  青花瓷一般是釉下彩,是先在瓷坯上描绘图案纹饰,然后再上一层透明釉,经过高温烧制而成。唐朝时就出现了青花瓷,但此后因为种种原因,青花瓷一度停滞,并没有得到发展,而是走向没落。元代景德镇湖田窑生产的元青花,采取了掺加瓷石和高岭土的方法,减少了瓷器烧制过程的折损率,胎体增厚,造型日益饱满圆润,纹饰多样,构图丰满,娴熟的工匠们通常采用的是一笔点划的方式绘图，渲染勾勒，沉稳有力。[①] 纹饰主题也很多，人物、瑞兽、花鸟、植物、诗文名篇等，都是常见的题材。元青花色彩素雅，形制多样，深受各阶层人们的喜爱。

到了明代，青花瓷有了极大发展，并于宣德年间发展到顶峰。这时候的官窑青花制作精良，绘制严谨，但这一时期的青花不再是达官贵人的专属，很多民窑青花以写意的笔法，绘制出烂漫的人物和花鸟纹样，样式洒脱，功能实用，深受大众的喜爱。

明晚期的时候，青花瓷的绘画开始吸纳传统中国绘画技巧、图式和元素。明清期间，青花瓷的品种得到了进一步丰富。清朝康熙年间，产生了青花五彩，青花瓷品类得以丰富，青花瓷的发展也到了顶峰。乾隆年间，粉彩最受追捧，青花逐渐受到冷落。虽然光绪时青花瓷一度中兴，但时乱世危，也只是回光返照，难以重现和延续之前的辉煌。

清朝雍正时期青花龙纹盘

① 傅正初. 瓷器鉴赏［M］. 漓江：漓江出版社，2009：194.

五、彩瓷

　　彩瓷就是俗称的彩绘瓷，是在器物表面进行彩绘后烧制而成的瓷器，分为釉上彩和釉下彩两种，是最为常见的汉族传统瓷。

　　彩瓷的烧制，在我国也有悠久的历史。如今常见的釉下彩，早在三国东吴和南北朝时期便开始烧制。当时的图案较为单一和原始，青釉上用褐黑材料画人物和图案作为纹饰，虽然以今天的眼光来看，这种工艺朴拙有之，精美不足，但在当时却是一项石破天惊的工艺。唐青花和唐代的长沙窑彩绘，都是名震一时的釉下彩彩绘瓷的代表。长沙窑釉下彩是在青黄釉瓷器的表面，用褐绿色或蓝绿色颜料描画植物花卉、山水花鸟、高士人物或诗句。这一装饰方法，在当时可谓开辟了一块全新的艺术阵地。

　　明清时期，陶瓷工艺的日益精进以及层出不穷的彩绘釉料为釉上彩的发展提供了条件，釉上彩真正迎来了属于自己的春天。今天我们能够看到的很多传统釉上彩器型和纹样，当时都已经出现。到了清朝乾隆时候，原本的"南青北白"的陶瓷格局被打破，朝野对于粉彩瓷器的追捧让彩瓷发展进入全盛时期。这一时期的彩绘瓷以景德镇窑成就最为突出。可以说，在每一个历史时段，都有无数陶工默默耕耘，不断创新，使得彩瓷的品种越发丰富多样。新创的彩瓷，有的以工艺命名，有的以制作的彩料定名，有的以瓷器表面的彩色命名。世人公认的彩瓷的高峰为元青花和明清初期的青花及釉里红、明朝成化的斗彩杯、清三代珐琅彩。青白瓷的垄断地位从此被打破，瓷器进入了一个五彩缤纷的全盛时期。

知识拓展

釉上彩、釉下彩

釉上彩是最为常见的彩绘瓷装饰技法，具体的做法是在已烧成的瓷器釉面，用各种彩色颜料绘制出花鸟、人物等各种纹饰后二次入窑，以低温烧制而成。市面上常见的瓷器大多是釉上彩，包括彩绘瓷、彩饰瓷、青花瓷、五彩瓷、粉彩瓷、描金瓷及珐琅彩等。

釉下彩的历史可以追溯到三国时期，当时已经出现用褐色颜料装饰的瓷器，这种瓷器就是釉下彩的原型，又称"窑彩"，在成型晾干的素坯上用颜料画出纹饰，之后上一层透明釉，入窑一次烧成，这样瓷器表面的图案就被一层透明的釉膜覆盖，表面更富有光泽。

学有所思

1. 任何民间传统工艺的形成都不是一蹴而就的，从朴实无华的原始瓷到异彩纷呈的彩瓷，陶瓷走过了漫长的五千多年的苍茫岁月。那么，你能说出陶瓷发展变化的脉络吗？能区分各种陶瓷之间的异同吗？

2. 青瓷是广受世人追捧的瓷器，市面上常见的官窑、汝窑、龙泉窑、耀州窑等，都盛产青瓷。你喜欢哪一种呢？能说明一下理由吗？

3. 青花瓷是中国递给世界的一张名片，你知道青花的发展历程吗？唐青花和明清青花各有什么特点？

4. 我们生活中最常见的瓷器就是彩瓷，其中的斗彩、粉彩、珐琅彩共同呈现出令人心醉的陶瓷世界。你能说出它们之间有哪些不同吗？

第二节　雕塑

　　传统雕塑是我国乃至于全世界艺术宝库中熠熠生辉的明珠。传统雕塑多以现实主义手法去塑造形象，无数后人从这些雕塑中汲取了艺术的灵感，获得了美的陶冶和认知。如今，雕塑作为最常见的工艺造型艺术，已经渗透进我们生活的方方面面。

一、传统雕塑的起源与发展

（一）传统雕塑的起源

　　我国雕塑艺术的源头可以追溯到新石器时代。我们的先民们开始制作各种各样的雕塑。这些雕塑有很高的实用价值，人类远古时期的图腾崇拜及巫术信仰为雕塑艺术提供了现实需求。新石器时期的雕塑艺术善于模仿人体构造，种类繁多，栩栩如生，工艺更接近于雕刻，往往只是寥寥几笔，却把人物的神态勾勒得栩栩如生，加之时光久远，带着一种特别的神秘感，造型也显现出很强的地域特征。

远古的先民们善于用手边的材料来雕刻熟悉的人物和动物，抒发自己对山川草木、神明英雄的赞叹和敬畏。新石器时期的雕塑，大概可以分为人体雕塑和动物雕塑两类，除了单独的人物、动物雕塑之外，当时的陶瓶、陶壶上面，也会有栩栩如生的陶塑人像作为装饰。

（二）传统雕塑的发展

1. 萌芽期：新石器时代到夏、商、周

我国传统雕塑艺术，史料记载最早可以追溯到公元前 4000 年。那时的石器和陶器更侧重于写实，作品多为日常器皿、饰物和人物塑像，小巧朴拙。商周雕塑的最高境界是青铜器艺术，商周时期的青铜器虽然有各种礼器，但作为日常应用的实用性青铜器也已经出现，上面的饕餮纹和云雷纹渲染了青铜器的神秘，形成了既神秘怖厉又恢宏伟岸的艺术特征。

2. 成熟和繁荣期：秦汉至魏晋南北朝

秦汉时期形成了雕塑史上第一个高峰，其中最令人印象深刻的便是秦朝雕塑的兵马俑。兵马俑大小与真人相仿，动作各异，以写实的手法，刻画其矫健神骏，每个细节无不活灵活现。兵车亦刻画得纤毫毕现，似乎耳畔还能响起辚辚车马之声。两汉雕塑中最著名的是墓葬雕塑，其佼佼者，当数霍去病墓前的马踏匈奴石刻。

至魏晋时期，佛教传入中土已数百年，这一时期的佛造像呈现出多样化的态势，技巧达到纯熟。佛造像既不失神明的端庄凝重，又有世俗人的鲜活典雅。这一时期的雕塑从规模、数量以及艺术技

巧等方面相较以前都有大幅提升，既彰显了对佛教的崇敬，又反映了当时人们的社会生活。

秦朝兵马俑

3. 高峰期：隋唐时期

隋唐时期，古代雕塑艺术走向成熟。佛教造像无论是表现方式还是影响力都大大超过前朝，其中成就最高者，当数敦煌莫高窟的彩塑和龙门奉先寺的雕像。河南洛阳的龙门石窟，经过魏晋隋唐多个朝代的连续开凿创建而成，虽历经千年，仍保存良好。

雕塑行业人才辈出，诞生出了无数艺术巨匠以及一批又一批流传千年的艺术珍品。在宗教题材以外，陵墓雕刻也得到了长足发展，唐太宗李世民墓前的昭陵六骏，就显示了唐朝陵墓雕刻的最高水平。

4. 低潮期：两宋至清末

宋朝的时候，佛教世俗化步伐逐步加快，佛造像中雍容、慈悲等理想化成分削弱，生活化气息扑面而来。彩塑有了长足的发展，其表现手法以写实为主，石雕更显得温柔和顺，缺少霸气，不够威严肃穆。

元代雕刻虽然细腻，但不够凝练，整体风格虚浮，缺少坚实感，总体造型失去了豪迈深沉的大国气度，传统雕塑开始走下坡路。

明清雕塑，工艺精巧，雕刻的材料进一步增多，泥、陶、瓷，都因为其方便易得而成为广受欢迎的雕刻材料。雕塑风格整体因袭前朝，缺少创新和活力，但在建筑雕刻方面有较大的进步。整体来看，明清雕塑种类多，在工艺、题材等方面均有发展。

知识拓展

泥塑

在传统雕塑之中，各种造型精美、小巧玲珑的泥塑成为节庆假日的喜庆点缀，也是孩子们爱不释手的玩物，跟人们的生活息息相关。

　　谈到泥塑，最负盛名的便是江苏无锡的惠山泥人，当地人称之为"大阿福"。惠山泥人的制作可以追溯到明代，但是生产和销售规模达到鼎盛则是在清朝以后。惠山泥人的原料来自惠山脚下地下一米的黑泥，泥质细糯坚韧，可塑性强，有干而不裂、弯而不断的特质，以这种黑泥制作的惠山泥塑，一个个憨态可掬，色泽艳丽，小巧可爱。

二、不同性质用途的雕塑

　　我国传统雕塑艺术历史悠久、成就斐然，传统雕塑作品风格不一，有的深沉厚重，有的质朴多元，有的空灵绚丽。根据雕塑的内容和社会功能的不同，这里重点介绍以下几种形式的雕塑艺术。

（一）宗教雕塑

　　宗教雕塑是宗教宣传和偶像崇拜所衍生出来的造型艺术。

　　在中国，宗教雕塑的内容主要是佛造像。自东汉时佛教传入中土，佛像的建造开始在中国大行其道，后来随着社会经济的发展，佛教开始了漫长的本土化和世俗化道路，佛造像也开始了与中国传统审美相结合的世俗化过程，脱离了印度佛造像的束缚，成为具有中国传统民族特色的工艺美术形式。隋唐时期，佛教盛行，开凿佛窟、建寺造像之风遍及全国，尤其在石窟和摩崖石刻方面，诞生了很多旷古绝今的伟大杰作。

（二）陵墓雕塑

伴随着市面上盗墓小说的盛行，"明器"一词也为很多读者所熟知。所谓的明器又叫"冥器"和"盟器"，是古人墓葬中的随葬品。中国人讲究事死如事生，对于很多统治者来说，他们生前拥有庞大的资源供其享乐，死后依然希望能够在另外一个世界继续享受前世的奢华生活。因此，墓葬中会根据墓主之身份而随葬很多物品。

明器雕塑中最主要的部分，就是各种各样的陶俑。早在战国时期，用陶俑陪葬的风俗便已经相当普遍，最具代表性的是大名鼎鼎的秦始皇兵马俑。

陵墓雕刻还有两大类，一是陵墓外神道上的石人、石兽组成的仪仗队及其装饰雕塑，称为"石像生"或"石翁仲"；二是陵墓建筑及其构件，如墓阙、华表、享堂、墓道、墓门以及上面的装饰用构件。

（三）建筑雕塑

中国传统建筑是世界建筑史上的巨大宝库。建筑雕塑广泛分布在建筑构件、建筑装饰中，如梁柱、斗拱、墙面、门窗等。明清之前的大型建筑多采用木质结构，保存不易，实物很难见到。我们现在看到的建筑装饰雕塑多为明清时期重制而成的。

（四）工艺雕塑

能够集中显示传统雕塑工艺艺术之美的，还有蔚为大观的工艺性雕塑。工艺性雕塑分为两种，一是指以雕塑形式制成的、具有实用价值的物品，譬如用陶瓷和青铜材料制成的各种礼器、酒器、日常用品等；二是用来观赏、装饰的独立小型案头雕塑和手把件，如玉雕、象牙雕、木雕、骨雕、竹雕。这些器型优美的工艺性雕塑，丰富了古人生活画卷，也为我们今天的"中式生活"增添了很多设计灵感。

三、不同材料的传统雕塑

传统雕塑按照雕刻材料可分为石雕、玉雕、陶塑、木雕、竹雕、铜雕等。

（一）石雕

作为雕塑艺术的重要分类，石刻是以圆雕、浮雕、透雕、平雕、线刻等多种技法，在石质雕塑材料上创作出形态各异的艺术作品的传统工艺。石雕结实、耐风化，雕刻讲究逼真，手法圆润细腻，款式丰富，造型创意多样化。我国石刻艺术的巅峰，是洛阳龙门石窟的石刻雕像。

石雕

（二）玉雕

玉雕是根据天然玉石的大小、形状和颜色，经过精心设计和打磨，加工而成的精美工艺品。玉雕无定型，很难找到毫无杂质的玉料，需要设计者和做工者剜脏去绺，因料施艺。

玉雕

（三）陶塑

陶塑通常以黏土为材料，并配合捏、贴、堆、刻等手法烧制而成，纵观古今诸多陶塑作品，无论是气势恢宏的秦始皇兵马俑、富有生活气息的汉代陶俑，还是粗犷豪放的胡人俑以及色彩斑斓的唐三彩等，都是历史上不可多得的艺术珍品。尤其是盛唐时期的唐三彩技艺更是将陶俑艺术推至顶峰，唐三彩因"黄、绿、白"三色得名，集陶艺、雕塑、绘画于一体，又分为乐舞俑、女俑、胡人俑和镇墓兽四种，在制作工艺上不仅笔墨浓重、色彩艳美，而且富有立体形象感，让人们印象深刻。唐三彩是我国古代陶俑史上的压卷之作。

唐三彩 胡人骑卧驼

（四）木雕

　　木雕是常见的民间工艺，可分为立体圆雕、根雕、浮雕三大类。木雕是从木工技术里分离出来的种类，通常以楠木、紫檀、樟木、柏木、银杏、沉香、红木等珍贵而又质地坚韧的树木进行雕刻。以自然树根为材料进行雕刻的称为根雕，雕刻时，通常以圆雕、浮雕、镂雕作为主要的雕刻技法，或几种技法并用。雕刻完成后需要涂上油彩，起到保护和美化雕塑的作用。

木雕

（五）竹雕

竹子在中国种植广泛，竹子以其凌云劲节的特质，很受中国人喜爱。早在六朝时期，竹雕就开始出现，竹刻是在竹子或是竹制的器物上进行文字和图案的雕刻，或用竹根雕成各种摆件和用具的民间工艺。

（六）铜雕

青铜硬度大，耐磨耐腐蚀，是性能优异的雕塑材料。在青铜上，可呈现出极其丰富优美的雕刻细节，经过氧化后的青铜器还会产生优美的铜锈，显得格外华贵。汉代的长信宫灯和马踏飞燕，是铜雕中的珍品。

东汉铜雕马踏飞燕

⌐ **学有所思** ⌐

1. 中国传统雕塑是我国艺术宝库中不可或缺的一部分，它可以分为六类，你知道是哪六类吗？这六类雕塑中，你见过哪些类型的雕塑呢？

2. 传统雕塑的历史可以追溯到原始社会时期。你对原始社会时期的雕塑有所了解吗？你是喜欢那些神秘的青铜雕塑，还是富有生活气息的陶土雕塑呢？

3. 在传统雕塑之中，人们最亲近熟悉的是各种工艺雕塑，你知道古人的案头雕塑有哪些种类吗？

4. 我国古代的雕塑中，有很多都富有奇思妙想，譬如马踏飞燕，通过一只回首惊叹的燕子来衬托骏马的神骏，跟马踏飞燕构思相似的还有一尊雕塑，你知道是哪一尊吗？

第三节　服饰

传统服饰是中国传统文化的重要载体，也是全人类的艺术财富。传统服饰，大多采取上衣下裳制和衣裳连属制，体现"衣冠上国"的华美与威仪。

春蚕吐丝，织工织布，染匠漂染，绣娘刺绣，一件衣服上承载着多种技艺和美学，也承载着世人对于美的追求以及对于幸福生活的无限向往。

一、传统服装发展脉络

（一）先秦时期

我国早在商周时期便已形成了一套完整的服制，不仅包括衣、裳、鞋、帽，还涵盖了各种饰物。随着西周礼仪制度的形成，对服饰也有了相应的规定，要求官员的礼服样式要符合相应的等级制度，并且出席不同的礼仪活动要身着不同的服饰，这样逐渐形成了较为完整的制服体系。

关于服饰的记载，始见于《诗经》《礼记》《左传》等文献，如《左传·桓公二年》："衮、冕、黻、珽、带、裳、幅、舄、衡、紞、纮、綖，昭其度也"，就列举了周代礼制下服饰的各种装饰元素。

（二）西汉时期

通过汉代的各类艺术作品可以发现，汉代人物的服饰多是宽大的长袍，尤其是古代官员的制服，宽袍大袖，让人印象深刻。

据文献记载，当时人们主要是通过冠帽及佩戴于腰间的绶带来区分等级的。汉代的冠帽有长冠、委貌冠、高山冠、法冠、方山冠等十六种之多，应用于不同场合，适用于不同身份的穿戴。汉代绶带由带色丝线编织而成，依官品与俸秩的差异而不同。

对于寻常百姓来说，用毛和麻等粗糙织物制成的短衣是最常见的衣着。在当时，"竖褐""布衣"是这些用粗毛布和粗麻布做成的衣服的称呼，而这些称呼也成了下层百姓的代名词。

汉代妇女日常穿着的襦裙，名作常服。汉乐府《陌上桑》"头上倭堕髻，耳中明月珠，缃绮为下裙，紫绮为上襦"就是对采桑姑娘的描写。

（三）魏晋南北朝时期

魏晋初期，由于社会的动荡和黑暗，很多人转而追求内心的自由，要求从之前沉闷庄重的深衣禁锢中挣脱出来，穿一些较为洒脱空灵的服饰。这一时期由于民族融合加快，一些少数民族的统治者仰慕汉文化，也穿起峨冠大带的汉族服饰。服装开始追求轻薄简便，不论男女，都流行用巾帛裹头。上流社会的男性中，一种小冠上加笼巾的笼冠很是流行。这一时期，修仙悟道之风在世俗社会也很盛行。因此此时汉族男子的服装多为袖口宽大的袍衫，颇具飘逸感。在魏晋之初的时候，汉族妇女服装沿袭秦汉旧制，之后就有了巨大改变。在上衣下裳的基础上，抛却了之前的右衽交领，改成对襟，下着长裙，腰束帛带，头上多梳假髻，这种服装的样式，直接影响了之后的服装近两千年，直到现在，上面穿对襟下面穿长裙，依然是很多热爱传统文化的女性的日常穿着。

（四） 隋唐盛世

隋唐时期，是我国封建社会的顶峰。由于政治的清平，带来经济的极大繁荣，文化蓬勃发展，与周边诸国文化交流日益频繁。强大的文化自信让唐朝人展露出空前绝后的民族气质，这一时期是汉族服饰发展的黄金时期，上承历朝服饰源流，下启后世服饰经纶，诞生了一系列极具民族特色和朝代特色的服装。李唐王朝出身关陇贵族集团，有着胡人血统，因此这一时期的汉人服装，也展现出了游牧民族的生活特色，幞头、圆领袍衫、长靿靴等都成为唐朝男子的标配。男子的袍衫在前朝的式样基础上进行了大胆改进，不仅使用圆领右衽的形式，宽大的袍袖也收紧变成窄袖，衣服的领袖裾不再锁边。此外，唐朝男子的外衣此时流行的样式是襕袍衫和缺胯袍衫。

隋代及唐初的女装，依然流行小袖短襦或短袄配长裙的搭配，裙腰提高，束到腋下，形成独具一格的服装审美。到了盛唐以后，女子衣袖越来越宽，衣服的领口也越来越低，产生了很多直到现在还在沿用的领口样式，譬如圆领、方领、斜领、直领和鸡心领等。盛唐以后，还流行将半个胸脯都露出来的袒领，服装无论是质地、配色、式样还是装饰，都成为传统服装史上的巅峰。贵妇流行穿百鸟毛裙，一般的妇女热衷穿石榴裙，除常见襦衫外，"半臂"也开始流行。当时的妇女生活开放，服饰吸取西域文化精华，与大唐气韵融合后，产生了很多创新的服饰，格调华美又朝气蓬勃。天宝年间，妇女还一度流行穿男装，足见当时社会风气的开放。

唐朝圆领袍衫

唐朝男装受北魏鲜卑人的影响，整个社会都热衷于穿胡服，最流行的便是穿圆领袍衫。汉族的衣领是交领，而圆领袍衫分为圆领袍和圆领衫，统称圆领袍衫。二者的区别是袍子的袖口会用针线收袂，但是衫的袖口是敞开的，袍子里有内衬，是更为厚实的夹衣，但是衫子是单衣，没有里衬。出现的时间也有先后，先有袍，后有衫，秦汉的时候就出现了袍子。唐朝的时候，圆领袍衫已经加入汉服的阵营之中，成为上至帝王将相，下到平民百姓都很热衷穿着的服装，圆领袍衫袖口和衣衫都较窄，有着明显的少数民族服饰特征。

（五）宋代

宋代服饰虽然大体样式还沿袭唐制，但制度和名称都有所差别。原本雍容开放的风气转向封闭，服饰也开始走向拘谨保守。男装中，缺胯袍衫分为广袖大身和窄袖紧身两种，女子依然流行穿褙子和半臂，但只能作为家居的常服，不能出现在正式场合。宋代服饰总体而言比较拘谨，色彩素淡典雅，给人高洁质朴之感，这是由于在"存天理，灭人欲"的程朱理学的影响下，人们的思想和行为方式发生了改变。

（六）明清时期

明代的服饰总体是沿袭唐制，但也保留了很多宋元服装样式。

清代的传统服饰与之前的任何朝代的服饰都不一样。清朝为了加强满人统治，大力推行"剃发易服"制，这样做的后果是导致汉服日益式微甚至退出历史舞台，只在偏远地区和道观寺院等有少部分保留。为了降低"剃发易服"的执行难度，清代统治者实行服装"男从女不从"的策略，强制男子剃发易服，但是对女子所穿汉服则采取默许态度，只是在此后的岁月中潜移默化，女子汉服也逐渐开始满服化。男装在满族传统服装样式基础上，融合汉族服装特点加以改良，礼服采取箭袖的形式，袖子较为窄瘦，袍身系结的方式采用纽扣，服装采取右衽大襟的样式，领口多做成圆形，满族人俗称礼服为开气袍。前后左右四开气的袍子是皇家专属，士庶男子只能穿左右开气的袍服。

明朝服饰

二、汉族服饰的特点

（一）汉族男子服饰

传统汉服有上衣下裳制和衣裳连属制两种基本规制。上衣下裳的服制，上衣呈现出交领和右衽的样式，下裳做成围裙形状，腰中系带，带子下系着芾。这种服制，为传统衣冠奠定了基础。此后的历朝历代，基本都遵循了这个制度，深刻影响后世两千多年的服装演变。

衣裳连属制早在周朝就已经制定，这种服制古称深衣，类似于今天的连衣裙，上衣下裳在腰部进行缝合，领子、袖口、裙裾用刺绣或是其他面料锁边。深衣应用的场合很多，不仅可以作为文武官员的次等朝服，也是诸侯士大夫日常的礼服，帝王日常也可作为便服穿戴。深衣是庶人婚、丧、宾礼中，不分男女都可以穿戴的唯一礼服样式。这种服装样式，不仅影响了后世的服装设计，也彰显了中国人雍容内敛的气度。

襦裤是平民的日常穿戴，襦是短衣，裤是长裤。为了方便行动，外面不系裙。褐是粗布长袄，是贫民服饰，颜色青黑。如果服丧期间，则穿白色。男子成年后，要束发戴冠，日常也可以戴各种头巾，农民和高士也有人戴笠帽，不同的阶层之间，有着严格的服装规定。

汉族冠服中以帝王衮冕最为华丽。自秦始皇称帝以来，对衮冕制定了严格的要求，帝王冠冕的礼制分为上衣与下裳。衣为玄色（黑色），上用五彩丝线绣出或织出日月星辰、山川等图案，以象征高天；裳多采取黄色或浅绛色，象征厚土。裳也用五彩丝线绣出宗彝（礼器）和火等图案，图案和花色有严格的制度，称为十二章纹。裳前有朱色的皮带，上面绘着龙、火、山 3 章纹，系在腰间革带上，垂于裳的前面，悬在膝前，革带旁佩玉，裳后系组绶，大带系在腰间。

古人在男子成年后要着冠，把头发扎在头顶，帝王也不例外，冠冕中冠中有纽，纽中有玉笄，能帮助扣紧发冠，然后在冠上加冕，冕前后有延，各有 12 旒（用彩丝绳穿起五彩玉珠，称为旒），每旒上面穿有 12 颗玉珠，总共 24 旒，穿有 288 颗玉珠，称为玉藻，冠冕悬挂的玉，名"充耳"。先秦衮冕制度，被后世严格遵循，只有一些细微的变化，除了天子，公卿诸侯也有冕服，只是冕旒数和衣裳章纹都要按照规定进行递减。

（二）汉族女子服饰

自汉朝以后，贵族妇女的服装遵循先秦旧制，正式场合的礼服大多是深衣型，祭礼上则穿上面绣有或织有五色锦鸡的揄翟、阙翟。黄色的鞠衣，是祈祷先王保佑养蚕顺利的告桑仪式的礼服；白色的展衣是为宾礼服；深衣是外穿的衣服，往往里面还有衬衣，称为素纱。[①]

随着社会发展，又产生出更有利于日常生活的半臂、披帛、霞帔、褙子等服饰，日常大多是上衣下裳，或是上衣下裤，并将头发挽成发髻。汉族发髻种类多达几十种，贵族妇女发髻上多插有珠翠、搔头以及各类珠玉黄金制成的凤冠、珠钗等，奴婢多以头巾包头，女子出门的时候，也很流行戴帷帽、盖头。

---

① 沈从文. 中国古代服饰研究［M］. 上海：上海书店出版社，2006：58.

三、少数民族特色传统服饰

少数民族服饰从原料到纺织工艺，都保持着鲜明的地区特色，譬如长期以捕鱼为生的赫哲族曾以鱼皮补缀为衣；以狩猎为主的鄂伦春族、鄂温克族以兽皮为衣；畜牧业发达的蒙古族、藏族等，则以牲畜皮毛制作服饰；从事农桑的少数民族则缫丝为丝绸，或是制作棉麻做衣服。

少数民族的纺织、鞣皮、擀毡等工艺非常精湛，款式纷繁。为了便于劳作，大多穿长袍和短衣两类，穿长袍的民族，搭配帽子和靴子，非常彪悍干练。穿短衣的民族则头缠帕子，足下着履。不同的民族，袍子样式各不相同。藏族多采取高领大襟，门巴族则穿戴无领斜襟式，维吾尔族穿右斜襟式，此外还有坎肩式长袍，短衣又分为裤子和裙子。

不同的民族在服饰款式、制作工艺、布料剪裁和风格等方面都有着明显的区别，譬如筒裙是黎族、傣族、景颇族等西南少数民族妇女的主要服饰，但材质上又有不同。黎族妇女多穿戴棉制锦裙、景颇族穿戴毛织花裙。从不同民族服饰的布料中，可以看出其经济生活、文化素养、自然环境、地理气候等的差异。

中国少数民族传统服饰还有一大特点，就是刺绣和蜡染等工艺的广泛应用。头巾、腰带、围裙以及衣襟、环肩、下摆、袖口、裤脚、裙边等，都会绣上观赏性与实用性并存的花纹。经过千年的孕育，这些刺绣又衍生出挑花、补花、绣花等多种工艺，其中绣花又分为平绣、编绣、结绣、盘绣等，绣的花纹多以花鸟植物、吉祥图案为主，这些绚丽多彩的民族服饰，共同谱写出民族文化的灿烂篇章。

蒙古族服饰

学有所思

1. 服饰是一个民族灿烂文化的一部分，也是民族气质的最佳体现。你都知道什么式样的传统服饰呢？

2. 很多人对古人服饰的了解，都来自时下的影视剧。通过对本章的阅读，你能判断哪些电视剧的服饰还原了历史，哪些电视剧的服饰不符合历史史实吗？

3. 半臂、襦裙都是现代人很热衷的复古服饰款式。除了这些之外，你还知道哪些女性服饰的款式呢？

4. 不同的朝代有着不同的衣冠之美。请问你最喜欢哪个朝代的服饰呢？能说明原因吗？

温故知新

　　传统陶瓷艺术、雕塑艺术和服饰是我国传统文化宝库中沉淀下来的瑰宝，也丰富和补充了人类文明。明如玉薄如纸的陶瓷，美轮美奂的雕塑，雍容华贵的服饰，共同构成了我们今日强大的文化自信。

　　那么，结合本章的学习，你对这些艺术都了解了多少呢？随着现代生活水平的持续提升，传统工艺又该如何创新改进以跟上时代步伐，并符合现代人们越发提高的标准与需求呢？

第八章

传统建筑文化

　　建筑，是可以看见并触摸得到的史书，其一石一木、一砖一瓦都凝结着深厚的文化内蕴。众多杰出建筑物如璀璨明珠一般，静静地绽放光彩，令世人瞩目。

　　从商周时期至今，我国传统建筑群在华夏大地上延绵了数千年，包括宏伟奢华的皇家宫殿、古朴的民居、温婉秀美的古典园林、庄重肃穆的宗祠与陵墓……世世代代劳动人民集多种技艺之大成，孕育出了独一无二的中华传统建筑美学的神韵，这些古典建筑是华夏民族不可或缺的文化遗产。

【文化要点】

❀ 了解中国皇家宫殿建筑的历史，熟悉皇家宫殿的典型代表。

❀ 了解中国各地民居的特色。

❀ 认识中国古典园林的建筑形式、建筑特色、人文情怀。

❀ 了解宗祠建筑与陵墓建筑的发展，熟悉宗祠建筑的结构布局与装饰，掌握陵墓建筑的特征。

第一节　皇家宫殿

一、我国皇家宫殿建筑的发展

　　每当徜徉在宫殿建筑中，总能被其宏大的规模、壮丽的外观和深厚的文化内蕴所震撼。那么，到底什么是宫殿，其又是如何发展而来的呢？

　　宫殿是古代帝王朝会和宴居的建筑物，也就是古代帝王处理朝政和居住的地方，它是随着中央集权制的建立而发展起来的建筑形制。宫殿可以说是中国传统建筑中规模最大、成就最高的建筑。

　　经考古发现，早在夏朝就已经有了宫殿建筑，到了西周时期，已经有了大量宫殿建筑，而且院落的平面布局为之后的宫殿建筑奠定了基础。

　　春秋战国时期，各地诸侯争霸，这种竞争也体现在宫殿建筑上，"高台榭，美宫室"盛行成风。

　　秦一统天下后，大批宫殿拔地而起，咸阳旧宫、骊山北麓的甘泉宫、未能完成的阿房宫等，都彰显了宫殿的雄伟和帝王的风范。西汉时期，长乐宫、未央宫、北宫、南宫等众多离宫别苑形成了庞

大的宫殿建筑群。之后，隋朝的仁寿宫、唐朝的大明宫、北宋的汴京宫殿、元朝的大都宫殿、明朝的南京故宫、清朝的紫禁城等，无不华丽壮观，显示出帝王的威严和气派。

皇家宫殿形成了完整的建筑体系，有着极高的艺术价值。

二、皇家宫殿的典型代表

尽管我国历史上修建了很多宫殿，但完整保存下来的屈指可数，仅剩北京故宫和沈阳故宫。

（一）北京故宫

北京故宫，又名"紫禁城"，其始建于公元 1406 年（永乐四年），建成于 1420 年（永乐十八年），距今已有 600 多年历史。

北京故宫

　　故宫是明清两代的皇家宫殿，它是在元大都宫殿的基础上建立起来的。故宫占地面积约 72 万平方米，囊括大小宫殿 70 余座，房屋 9000 余间。

　　故宫的布局遵循"天人合一"的理念和"左祖、右社、面朝、后市"的原则，位于北京中轴线的中心，南北取直，左右对称。

　　故宫有四座城门，南有午门，北有神武门，东有东华门，西有西华门。另外，四座角楼各位于城墙的四角，与护城河交相辉映，风姿绰约。

故宫角楼

　　故宫秉承了传统前朝后寝的宫殿格局，分为外朝和内廷两大部分。外朝包含三大殿，分别为太和殿、中和殿与保和殿，是帝王朝会和举行庆典的地方，三大殿两侧坐落着文华殿和武英殿。内廷包含后三宫，分别为乾清宫、交泰殿与坤宁宫，是皇帝和皇后居住的地方。后三宫后面为御花园，是供皇族居住、游玩的场所，两侧为东、西六宫，是后妃们的居住地。中轴线两侧的慈宁宫、寿安宫等是皇太后、太上皇等居住的地方。

故宫主要包含红黄两种颜色，其中黄色是古代帝王的专用色，象征着高贵。红墙黄瓦、朱门金钉、带有青绿色调的彩画装饰，使得整个故宫看起来绚烂多姿。

严谨的建筑布局使故宫呈现出庄严肃穆的宏大气势，但细节之处的装饰又显得生动形象。

故宫可以说是中国传统建筑的集大成者，也是中国宫殿建筑中的精华与瑰宝。

（二）沈阳故宫

沈阳故宫，又名"盛京皇宫"，是清朝初期的皇宫，其始建于公元 1625 年（后金天命十年），建成于公元 1636 年（崇德元年），清顺治皇帝在这里即位称帝。沈阳故宫占地面积 6 万多平方米，是中国关外唯一的一座皇家建筑群。

根据建筑布局，沈阳故宫的建筑分为三个部分，分别为东路、中路和西路。东路有大政殿与十王亭，是皇帝举行大典和群臣办公的地方。中路称作大内宫殿，包括大清门、崇政殿、凤凰楼等，是皇帝处理军政要务以及后妃居住的地方，布局遵循前朝后寝的传统。西路的主要建筑有文溯阁、仰熙斋、嘉荫堂、戏台等，是专用于收藏《四库全书》和供清朝皇帝来盛京（沈阳）时的读书看戏之所。①

---

① 骆文伟. 中国传统文化概论［M］. 北京：清华大学出版社，2019：118.

沈阳故宫

黄色的琉璃瓦顶、朱红色的廊柱、灰色的砖石……沈阳故宫的建筑群通过强烈的色彩对比去凸显宫殿的雍容华贵、富丽堂皇。除此之外，沈阳故宫的雕刻、彩画等也体现出浓郁的地方特色。

知识拓展

布达拉宫

除了北京故宫和沈阳故宫这两座皇家宫殿，我国还有一座特殊的宫殿，那就是矗立于我国西藏拉萨红山之巅的布达拉宫。

布达拉宫是一座风格多样化的建筑，它集宫殿、城堡与寺庙于一体，特色鲜明，宏伟壮观。

相传，公元7世纪，吐蕃王朝赞普松赞干布为迎娶文成公主兴建了这座宫殿。布达拉宫海拔3700米，占地总面积36万平方米，主楼外观共13层（实际9层），高110多米，东西长360米，包括宫殿、佛堂等建筑。

布达拉宫总体分为红宫和白宫两个部分。红宫居于中间位置，墙体颜色为红色，主要建筑为灵塔殿。白宫居于红宫下方和两侧，墙体颜色为白色，主要建筑有佛堂、经室和寝宫等。

布达拉宫依山而建，高耸入云，既宏伟壮观，又古朴神秘，令人向往。

西藏布达拉宫

学有所思

1. 在中国的历史长河中，每一次的王朝更替都伴随着宫殿的建造，你了解历代的著名宫殿都有哪些吗？你了解它们的建造工艺和特色吗？

2. 北京故宫作为明清两代的宫殿建筑，有着独特的魅力和极高的艺术价值，那么你知道北京故宫的艺术魅力都体现在哪些方面吗？

3. 沈阳故宫的建筑群有着独特的建筑布局，而且在雕刻、彩画等方面都具有东北独特的地方风格，能够充分体现中国多民族建筑文化特色。你能根据自己的理解和认识去具体地阐述一下沈阳故宫的建筑独特性吗？

第二节　古朴民居

一、我国民居的起源与发展

一方水土不只养一方人，它还孕育了一方家园。民居，作为人们安身的家园和文化传承的载体，被塑造成了万般形态和模样，分布在中国广袤的大地上。

民居从产生到发展再到定型，经历了漫长的过程。在原始社会，尽管人们还没有建造居所的能力，但已经懂得运用天然材料搭建避风挡雨的地方，他们或用树枝筑巢，或在地下营窟，这就形成了中国最早的民居——巢穴。

到了夏商周时期，建筑技术逐步发展，帝王开始兴建宫室，贵族开始建造府邸，百姓开始搭建房屋，"民居"的概念逐渐形成。

到了秦汉时期，民居的发展进入一个高峰，此时的民居建造工艺已十分成熟，不仅有围合式的院落建筑，还有楼阁建筑。

隋唐时期，物质文明和精神文明高度繁荣，在这种背景下，民居建筑也随之快速发展。无论是富贵人家的高门大院，还是普通百姓的乡村民居，都相对整齐却又不那么呆板，十分精巧却不那么浮夸，彰显出隋唐时期的建筑特色与成就。

两宋时期，中国民居建筑已经发展到了较高的水平，建筑技术日益完善。不仅如此，在以风雅著称的宋朝，人们十分注重住宅气质的营造与体现。

在元朝，人们在建造住宅时十分注重院落布局，此时工字型房屋广受欢迎，而这种形制的民居实际上就是现在的四合院的前身。

明清时期，民居建筑持续发展，而且民居形式逐步定型。因地域和环境不同，各地民居呈现出百花齐放的姿态，如北方的四合院、窑洞，南方的徽派建筑、土楼等，各具特色。

二、我国民居的典范

（一）北京四合院

四合院属于传统的合院式建筑，早在西周时期就已经出现了完整的四合院。中国南北方都出现了各具特色的合院式住宅，以北京四合院最为经典。

北京四合院的院子四面都建有房屋，私密性较好，而且房屋格局内外有别，体现了长幼有序的礼仪规范。

在建造格局上，北京四合院采用中轴对称的形式，整个建筑看上去左右对称，十分方正。在建造规模上，北京四合院分为三种类型，分别是小四合院、中四合院、大四合院。

通常，小型和中型四合院多是普通百姓的居所，大四合院主要是官宦的府邸或富商的居所。

北京四合院的设计别出心裁，精致的门楼、精巧的门墩儿、华丽的垂花门等，无不透露出老北京人对美好生活的向往。

北京四合院

（二）山西乔家大院与王家大院

明清时期，山西商业活动十分活跃，并产生了有名的晋商文化，与此同时，商人们利用经商创造的财富修建了布局精巧、规模宏大、特色鲜明的居所，即山西大院。山西大院多为四合院，结构对称，布局工整，其中乔家大院和王家大院为人们所熟知。

乔家大院位于山西省祁县乔家堡村，于 1756 年开始建造，后经过多次扩建形成现在的面貌。乔家大院占地 8000 多平方米，有 6 个大院，内含 20 多个小院，房屋达 300 多间，其三面临街，院墙高大，整个布局呈双喜字造型。乔家大院的主体结构主要由砖木建造，十分牢固，屋顶样式丰富，而且砖雕、木雕等随处可见，处处体现着精湛的建筑工艺。

山西乔家大院

　　王家大院位于山西省灵石县静升镇，历时 300 余年修建而成。王家大院的建筑布局继承了古时前堂后寝的形式，满足了对外交往和内在私密的双向要求，同时体现了长幼有序、尊卑有别的宗法礼制。

　　王家大院主要包括东大院、西大院和孝义祠等建筑，整体规模宏大，既体现出精致明丽的特色，又散发着质朴典雅的乡土气息。

　　王家大院处处都能看到精湛的雕刻技艺，砖雕、木雕、石雕造型各异，形象丰富，体现了建造者的智慧和精湛技艺。除此之外，王家大院的门窗也极具特点，院内各式门楼造型各异，大小不一，窗户的造型更是精美，让人为之赞叹。

山西王家大院

知识拓展

常家大院

除了乔家大院和王家大院，常家大院也是山西大院的代表。

常家大院位于山西省榆次西南东阳镇车辋村，从清朝康熙年间开始修建，历时 200 余年修建完成，体现出清代的建筑风格。

常家大院的建筑可以用绚烂多姿来形容，院内亭台楼阁错落有致，雕梁画栋精美异常。另外，造型优美的吻兽、形式各异的照壁、工艺上乘的砖雕护栏等，无不体现常家大院的精致宏伟。

山西常家大院

（三）蒙古包

　　蒙古包因其外形如拱包而得名，主要是居住在蒙古草原上的蒙古族人民的居所。此外，甘肃、青海、新疆的部分牧民也采用这种居住形式。

　　蒙古包以编制成网状的木条为骨架，外面包裹上羊毛毡，顶部

有圆形的天窗，用于采光和通风。蒙古包是便于拆卸和搬运的活动房屋，十分适合游牧民族的生活需要。

蒙古包

（四）陕北窑洞

生活在陕甘宁地区的黄土高原上的人民，利用当地黄土厚重的优势，建造了适合居住又别具一格的民居建筑，即窑洞。

窑洞有不同的类型，如靠崖式窑洞、下沉式窑洞、独立式窑洞等。窑洞多依山而建，在天然的土壁上开凿出一面墙作为"窑脸"，而后向土壁内挖掘，之后在顶部覆土，最后扎山墙、安门窗。

窑洞十分稳固，而且冬暖夏凉，十分适合黄土高原上的人们居住。窑洞是陕北人民智慧的结晶，是黄土地文化的沉淀，亦是我国民居建筑的重要组成部分。

陕北窑洞

（五）福建土楼

在福建、广东两地有着造型高大、或圆或方的围楼，称为"土楼"。福建土楼产生于宋元时期，之后日趋成熟，发展成为一种极具特色的集居住宅形式。

福建土楼以石为基，以土为原料，以竹木为墙骨，结构简练，造型不一，牢固实用。根据形态和布局结构，福建土楼分为方楼、圆楼和五凤楼等。

方楼结构规整、数量众多，形状呈正方形或长方形，代表建筑有和贵楼。圆楼是基于方楼发展起来的，其空间封闭，环环相套，代表建筑有承启楼、集庆楼。五凤楼因其外形像一只展翅飞翔的凤凰而得名，代表建筑有福裕楼。

福建土楼

（六）徽州民居

徽州民居有着徽州地区特有的民居建筑风格，自成一派，又称"徽派建筑"。徽州地区的人民凭借独特的地理环境，创建出了独树一帜、宛若仙境的民居建筑。

房屋沿河连排林立，白墙黛瓦古朴典雅，小桥流水宁静惬意，亭台楼阁精巧别致，这些都构成了一幅美不胜收的江南画卷。

徽州民居注重建筑与自然的结合，并且将水作为建造民居的重要一环。在建造民居时，徽州人将水看作村落的血脉，会引水绕村、入宅。

徽派建筑的建筑艺术风格和特点也体现在一些独特的建筑元素上，如青砖、小瓦、马头墙、花格窗等，它们将徽派建筑的婉约、雅致诠释得淋漓尽致。

安徽宏村古徽州民居建筑

━━━┫ 学有所思 ┣━━━

1. 不同的地理环境造就了不同的生活方式，不同的生活方式又催生了不同的民居建筑特点和风格，你知道我国各地都有哪些形态的民居建筑吗？

2. 北京四合院四四方方，山西大院宏伟精致，福建土楼坚固实用，徽州民居宁静婉约，你知道这些民居建筑都是如何产生和发展的吗？你知道它们承载着怎样的历史和文化吗？

第三节　古典园林

一、我国古典园林的起源与发展

园林是人们运用多种艺术手段去创建、培养的特定的自然环境和游憩境域，也是融合建筑、绘画、文学、雕刻等于一体的综合艺术。我国古典园林有着自身独特的风格，趣味十足，而且历史内涵丰富，在世界园林史上享有重要的地位。

我国园林历史悠久，根据相关典籍记载，我国的造园艺术始于商周，当时的园林称之为"囿"，西周建有著名的灵囿。根据《诗经》记载，灵囿是一个有山有水、有花有木、有鸟有鱼、钟鼓齐鸣、用来供人观赏游玩的地方。此时的灵囿已初具园林艺术的特征，但以自然环境为主，造园构思还相对简单。

秦汉时期，园林艺术迎来发展高峰。秦始皇在统一六国的过程中下令建造了诸多园林建筑，如著名的上林苑，规模宏大，专供帝王游玩田猎。两汉时期，园林建筑进一步发展，规模巨大。汉武帝时期，秦上林苑被扩建，成为一组宏大的园林建筑群。除了上林苑，汉代的园林建筑还有规模宏大的甘泉苑、东苑等。

魏晋南北朝时期，战乱频发，许多文人雅士选择远离战争、隐于山林，他们在寄情山水的同时修建了雅致精巧、融合自然的私家园林。此时的园林较之前的园林，规模上开始变小，但规制更加严谨，而且充满意境，将园林艺术升华到了一个新的境界。

隋唐时期，政治、经济空前发展，园林艺术也随之快速发展。隋炀帝修建了众多的离宫别苑，西苑就是当时修建的极为壮观的园林建筑。唐代的建园艺术，从壮观秀丽的华清宫便可窥知一二。华清宫依地势而造，风景秀丽，是我国古代园林的典范。隋唐时期的园林建筑讲究因地制宜，而且宏伟壮观，有力地推动了我国园林建筑的发展。

宋元时期，造园艺术持续发展，造园技术日趋成熟。此时的园林造型多样，布局精巧，亭台楼阁错落有致，人工艺术与自然景色相融合，充满诗情画意。

明清时期，园林艺术达到顶峰。当时全国遍布各式园林，形成了百花齐放、百花争艳的局面。此时的园林建筑规模宏大，布局精巧，风景秀丽，宛若画境。

二、我国古典园林的建筑形式

中国古典园林建筑类型丰富多样，有厅、堂、楼、阁、亭、轩、榭、室、廊、馆、房、所等，每一种类型都增添了园林的风韵。

（一）厅堂

厅堂是园林建筑中最为主要的建筑之一，《园冶》中就曾提出："凡园圃立基，定厅堂为主。"由此也可以看出厅堂的重要性。

园林中的厅堂大多临水而建，是构成园林的主体建筑，也是园

主会客议事的主要场所。厅堂通常体量较大，方向坐南朝北，相较于园中其他建筑，工艺更为华丽。

园林厅堂有门厅、四面厅、鸳鸯厅、花厅、轿厅等多种类型，每一种形式都各具特色。

拙政园远香堂（四面厅）

（二）楼阁

在中国园林中，楼阁是重要的景观和功能性建筑，相较于其他建筑形式，体量更为高大，而且颜色也更为鲜亮。

楼阁除了基本的实用功能外，还具有观景和造景的作用。登高望远，全园景色尽收眼底，这就是楼阁观景的妙用。楼阁矗立园中，与园中其他建筑遥相辉映，美不胜收。

严格来说，楼与阁是既相似又不同的园林建筑形式。从外观看来，楼与阁都是高而多层的建筑，不同之处是，楼多为重屋建筑，上下都有人居住，而阁带有基座，底层一般空置不住人。另外，相较于楼，阁的造型要小巧许多，而且四面开窗，更加通透。

（三）轩榭

园林中的轩一般是高而敞开的建筑，一般体量不大。轩是园林中的重要组成部分，一般临水而建，但有时也建在高旷之处，外形轻巧雅致，四周环境颇为清幽。例如苏州拙政园的听雨轩，临池而建，院中芭蕉葱郁，每逢下雨，静听雨打芭蕉的声音，十分惬意。

拙政园听雨轩

园林中的榭是依水而建的观景平台，部分在水中，部分在岸上。榭与园林中的景色相融合，共同构成了园林景观。榭的布局、形态并不固定，没有墙壁，但有楹柱和花窗，因此较为通透。漫步水榭之中，能让人心旷神怡。

承德避暑山庄水心榭

（四）亭

亭是一种造型小巧、选址灵活、供人休憩的建筑，也是园林中十分常见且非常重要的一种建筑形式，"无亭不成园，无亭不成景"就说明了亭之于园林的重要性。

亭的造型极其丰富，按形状划分，有三角、四角、五角、六角、八角、梅花、海棠等多种形式。一般文人园亭多小巧精致，色彩典雅；皇家园亭多体量较大，色彩明亮，庄严大气。

亭的位置选择由"景"决定，但无论建在哪里，都讲究借景成亭，形成自然之趣。

颐和园廊如亭

（五）廊

廊以其姿态万千之美，在园林建筑中占据了一席之地，成为园林建筑中的重要组成部分。

廊是园林中的脉络，将园中各建筑物联系在一起，同时也是避风遮雨、游览赏景的地方。廊追求因地制宜，虚实相间，对提升园中亭台楼阁的美感起到了重要的作用。

廊按照建筑形式，可分为单面廊、双面廊、双层廊、复廊等；按照造型和所处的位置，可分为直廊、曲廊、回廊、山廊、水廊等。

留园曲廊

中国古典园林的基本类型

根据园主的身份，中国古典园林可分为四大类：皇家园林、私家园林、寺庙园林和名胜园林。

皇家园林就是专供帝王游玩或休息的园林，一般规模宏大、色彩艳丽，山水多取自自然。现存为人们所熟知的皇家园林有北京颐和园、北京北海公园、河北承德避暑山庄。

　　私家园林是供文人雅士、富商贵胄休闲游玩的园林，一般小巧玲珑、典雅别致，多假山假水。现存比较有名的私家园林有苏州的拙政园、留园、网师园、沧浪亭等。

　　寺庙园林是包括佛寺、道观等在内的一种特殊园林。其拥有得天独厚的自然景观，而且布局严谨，因地制宜。现存比较著名的寺庙园林有苏州寒山寺、南京灵谷寺、杭州灵隐寺等。

　　名胜园林是指不为私人所有，供大众游赏的园林，其拥有天然的地理环境优势，园中的山水、植被等都是取自自然。现存著名的名胜园林有杭州西湖的三潭印月、柳浪闻莺、曲院风荷等，扬州瘦西湖的二十四桥、五亭桥等。

学有所思

　　1. 中国园林艺术始于殷商，其发展经历了漫长的过程，是世界园林艺术起源最早的国家之一。那么，你知道中国园林艺术都经历了怎样的发展过程吗？

　　2. 中国古典园林是由多种建筑形式和元素共同构成的，你知道具体包含哪些建筑形式吗？

　　3. 中国古典园林包含皇家园林、私家园林、寺庙园林、名胜园林等，类型多种多样，你知道它们各自的特点吗？

第四节　宗祠与陵墓

一、宗祠建筑

（一）宗祠的由来

宗祠又称"祠堂""宗庙"等，是人们祭祀祖先的地方，也是家族举行重要会议的地方，体现了人们对儒家传统思想和"祖先崇拜"的信仰。

在中国古代，宗族观念已经在人们的脑海中根深蒂固。宗祠源于几千年前的宗庙，宗庙只有帝王家才有，帝王之外的诸侯、王公和少部分士大夫有资格建立宗祠，但普通百姓是不能建立家庙的。到了宋朝时期，理学家朱熹主张家族设立祠堂。到了明清时期，允许民间建立宗祠，同时祠庙建制也日趋完善，成为家族的重要象征。

宗祠是中国传统观念和宗族制度的象征，所以其建筑时的选址、材料的选择、建筑的装饰都十分讲究。宗祠往往是城乡建筑中规模最大的那一个，不仅宏伟壮观，而且装饰华丽。其广泛分布于江西、浙江、安徽、湖南、广东、福建等地。

（二）宗祠建筑的结构布局

无论是皇家宗庙还是王公贵族的宗祠抑或是其他祠堂，建筑形式不可谓不壮观，其高大的门墙、精致的装饰等，都彰显了宗祠的庄严和肃穆。

这里暂且不论皇室宗庙，而是对皇室宗庙以外的一些祠堂建筑进行简要说明。

浙江江山清漾村的毛氏祖祠

祠堂的建筑基本延续了传统中轴对称的建筑布局，纵向深入，同时横向扩展，具体根据地理环境、建造财力而变化。总体来说，祠堂包含以下几种类型。

1. 单进祠堂

单进祠堂也就是一座建筑所构成的祠堂。这类祠堂的建造形制一般较为简单，而且数量不多。

2. 两进祠堂

两进祠堂是指由祠门、享堂两部分构成的祠堂。这种祠堂与民居院落十分相似，祠堂旁边有时会设置别院附房用于祠丁居住。

3. 三进祠堂

三进祠堂是指由祠门、享堂、寝堂三部分构成的祠堂，一般旁边也会设置别院附房用于祠丁居住。

4. 四进祠堂

四进祠堂是指祠门、二门、享堂、后堂四部分构成的祠堂，通常两侧有边路。这类祠堂一般为敕建的官祠，相较于其他类型的祠堂，规模更为宏大。

（三）宗祠建筑的装饰

1. 精美的雕刻

因为祠堂是体现家族兴衰的建筑，所以其雕刻一般都十分精美。例如，大门上都会雕刻花草、山水等图案，显得祠堂精美而宏伟。大门前的石狮子也是栩栩如生、高大威猛，显得祠堂庄严肃穆。祠堂的房梁上会雕刻松、竹、云彩、动物等图案，寓意十分丰富。此外，祠堂的台阶上、墙上也会雕刻各种图案，寓意吉祥。

2. 丰富多样的彩画

祠堂中的彩画也十分丰富，祠堂墙壁、窗户、横梁、走廊上，到处都可以看到各式各样的彩画。彩画的内容多为山水、人物、飞禽走兽等，颜色一般较为朴素，通常是先用墨勾勒出外形，然后再填充矿物质颜料。

二、陵墓建筑

（一）陵墓的发展

受传统儒家思想的影响，中国人十分注重丧葬，于是皇家修建了众多工程浩大的坟墓，即陵墓。陵墓建筑是我国古代建筑的重要组成部分，其规模浩大，宏伟壮观，素有地下宫殿之称。

远古时期还没有墓葬的概念，也没有坟墓，到殷商时期，仅有祭祀逝者的地面建筑，还没有葬地的标志。随着社会的发展以及观念的转变，到周代，开始出现封土的现象，在墓穴上面培土垒坟，在旁边种植树木。之后，历代帝王开始大兴土木，修建陵墓，并使得陵墓成为墓室主人身份和地位的象征。秦汉时期，陵墓建筑已有很多，到唐代，陵墓建筑形成第一个高峰。明代是陵墓建筑发展的第二个高峰。清代的陵墓建筑则沿袭了明陵，工艺已经十分成熟。

历代陵墓建筑都很宏伟，装饰华丽，彰显着帝王的气势和威严。

（二）秦始皇陵

秦始皇陵，位于今陕西省西安市临潼区的骊山北麓，是中国秦朝皇帝嬴政的陵墓。

秦始皇陵修建历时 39 年，可以说是中国历史上第一座结构完善、规模浩大的帝王陵园。

秦始皇陵依山环水，地理环境优越。其大致分为两个部分，即陵园区和从葬区；总体分为四层，即地宫、内城、外城、外城以外。陵墓的形状呈方形锥体，东西长 345 米，南北宽 350 米。陵园以地宫为核心，周边建有各种宫殿，宫殿中陈列着各式珍宝，四周还分布着 400 余个大小不一、形制各异的陪葬坑和墓葬，其中就包含兵马俑坑。

秦始皇陵的兵马俑

兵马俑是秦朝时期的一种随葬品，造型基本以现实生活为基础。每一个陶俑都神态不一、装束不同，但都活灵活现，体现了当时的社会面貌和时代特征。

（三）唐乾陵

秦汉之后，国家一直纷争不断，直到隋唐才最终得以统一，与此同时政治和经济进入繁荣昌盛的时期。在繁盛的唐朝，陵墓的建造备受重视，当时的帝王都追求陵墓的建造规模与气势，而且开创了"依山为陵"的先河，建成的陵墓更加宏伟庞大，乾陵就是其中的代表建筑。

乾陵是唐高宗李治与武则天的合葬墓，位于今陕西省咸阳市乾县北部的梁山。梁山海拔千余米，东西河水环绕，利用天然的环境优势，再加以人工设计，工匠们齐心协力创建而成的乾陵宏伟富丽，更显帝王气势。

乾陵仿照唐都长安城的格局修建，除主墓外，还包括十几个大大小小的陪葬墓，安葬着其他皇室成员与有功之臣。

知识拓展

宋陵

相较于其他王朝，宋代的陵墓规模要小很多，知名度也不是很高，但艺术价值很高。

　　宋陵是北宋皇帝及其陪葬宗室的陵园。其位于今河南巩义市境内，南靠嵩山，北临黄河，地理位置十分优越。

　　宋陵共涵盖 300 余座陵墓，除了皇帝、皇后以及皇室宗亲的陵墓外，很多名将勋臣的陵墓也在这里，形成了一种独特的皇家丧葬制度和文化。陵园内各个皇帝的陵园形制和布局相似，坐南朝北，四周建有寺庙、行宫等建筑。

（四）明十三陵

　　在明朝历代皇帝之中，除了朱元璋、朱祁钰和朱允炆之外，其他皇帝全部葬在北京昌平天寿山，因共计埋葬有十三位皇帝，故称"十三陵"。明十三陵就是明朝迁都北京后十三位皇帝的陵墓。

　　明十三陵位于北京市昌平区北部天寿山南麓，四面环山，其间有河流穿行，风景奇秀。其始建于永乐七年（公元 1409 年），至明朝最后一位皇帝入葬，历时 230 余年之久。

　　明十三陵中十三位皇帝的陵墓分别是葬有成祖朱棣的长陵、葬有仁宗朱高炽的献陵、葬有宣宗朱瞻基的景陵、葬有英宗朱祁镇的裕陵、葬有宪宗朱见深的茂陵、葬有孝宗朱祐樘的泰陵、葬有武宗朱厚照的康陵、葬有世宗朱厚熜的永陵、葬有穆宗朱载垕的昭陵、葬有神宗朱翊钧的定陵、葬有光宗朱常洛的庆陵、葬有熹宗朱由校的德陵、葬有思宗朱由检的思陵。其中，长陵居于所有陵墓的中心位置，规模也最大。

　　明十三陵中各个帝陵的格局十分相似，除思陵外，每一座陵墓都由神道、陵宫、玄宫三部分构成，它们宛若一棵大树，长陵是主干，其余各陵是枝干，相互之间既主次分明，又紧密联系，形成了一个神圣壮观的陵墓体系。[①]

明十三陵

　　① 郭军宁.明十三陵漫谈［J］.寻根，2006（6）：74.

温故知新

中华文化源远流长，博大精深，而传统建筑文化也凭借其自身的独特艺术魅力，在世界建筑之林中占有一席之地，成为世界建筑艺术中的一颗璀璨明珠。

我国传统建筑类型丰富多样，有辉煌的皇家宫殿，古朴的百姓民居，秀丽典雅的园林，也有庄严肃穆的宗祠与陵墓，它们各具特色，体现出独特的建筑工艺，也承载着深厚的历史文化。

了解了中国传统建筑文化后，你能说一说它们的发展历程与建造特色吗？

第九章
民俗节令与社会生活

　　中华上下五千年的历史，记载了中国这个文明古国的发展历程。勤劳智慧的中国人民在生产和生活实践中创造了独特的民俗节令与生活习俗文化。

　　根据天文历法及农事规律而创立的"二十四节气"，为了纪念古人、庆祝丰收或依照岁时节令而建立的传统节日，以及中国特有的茶、酒、美食文化和体育运动等，无一不反映着炎黄子孙的智慧。

　　时至今日，这些节令和生活习俗文化依然对人们的生产生活产生积极的影响，成为中华文化中不可或缺的组成部分。

【文化要点】

✿ 了解二十四节气的由来，认识二十四节气的气候特点。

✿ 认识中国传统节日和节日习俗、节日美食。

✿ 了解茶文化、酒文化的悠久历史及发展历程。

✿ 了解中国饮食文化，领略丰富多彩的传统美食。

✿ 加深对传统体育运动的认识和理解，了解不同传统体育运动项目的开展方式与方法。

第一节　二十四节气

“二十四节气”是我国传统历法中表示季节变迁的二十四个特定节令，它是劳动人民智慧的结晶，对农事有着重要的指导作用。

一、二十四节气的由来

“二十四节气”是古人通过观察天体运行，总结一年中天气、物候、气候等方面的变化规律，结合农作物的生长变化以及农事特点而创造的一套知识体系，对古代人民的生活和农业耕种起着重要的指导作用。

“二十四节气”的形成过程十分漫长。有学者研究认为，“夏至”和“冬至”这两个节气在商朝就出现了。至西周时期，人们已经明确知道了“两至”与“两分”的概念。春秋时“四立”出现。

到了战国时期，"二十四节气"的理念已经基本成形了。① 对"二十四节气"的正式且完整的文字记载，则出现于西汉时期的《淮南子·天文训》中。公元前 104 年，《太初历》正式颁行实施，二十四节气也被明确定于历法中。

在"二十四节气"的发展与传承的过程中，为了方便记忆，民间创作流传了"二十四节气歌"——"春雨惊春清谷天，夏满芒夏暑相连，秋处露秋寒霜降，冬雪雪冬小大寒。"其中，每一句都各自描述了春、夏、秋、冬四个季节所对应的六个节气，共二十四个节气。

二、二十四节气文化

（一）认识二十四节气

1. 立春

一年之计在于春，立春是二十四节气中的第一个节气。"立"意为"开始"，"春"就是春天，"立春"标志着春季的来临，随之而来的就是温暖的天气与复苏的万物，它告诉人们寒冷、万物沉寂的严冬已经过去，温暖与生机重回大地。罗隐有诗云："一二三四五六七，万木生芽是今日。远天归雁拂云飞，近水游鱼迸冰出。"

---

① 徐旺生．"二十四节气"在中国产生的原因及现实意义 [J]．中原文化研究，2017（4）：95-96.

2. 雨水

作为春季的第二个节气，雨水意味着进入气象意义的春天。雨水节气的到来，预示着春季开始降雨，适量的降水对农作物的生长起着非常重要的作用。古代很多文人墨客都曾作诗描绘初春雨水时节小雨沥沥、滋润万物的景象。比如，杜甫在《春夜喜雨》中就描述道："好雨知时节，当春乃发生。随风潜入夜，润物细无声。"

3. 惊蛰

春季的第三个节气叫作惊蛰。惊蛰的意思是春天气温渐暖，春雷响动，惊醒了冬眠于地下的昆虫，被埋于地下过冬的虫卵也开始孵化。惊蛰时节，天气回暖、雨水渐增，各种植物开始钻出土壤，发芽生长，万物生机盎然。"惊蛰"亦标志着仲春（春季的第二个月，即农历二月）卯月的开始。白居易《闻雷》诗云："震蛰虫蛇出，惊枯草木开。"

4. 春分

"分"指一分为二，"平分"的既是昼夜与寒暑，也是春季。到了春分时节，昼夜平分、寒暑相互平衡。此外，春分时节正好在春季三个月中的中间月份，恰好春季也被其平分。故而，春分也被称为"日中""日夜分""仲春之月"等。春分是春耕、春种、植树造林的好时期，农谚有"惊蛰早，清明迟，春分播种正当时"的说法。

5. 清明

《淮南子·天文训》中有关于清明的记载："春分后十五日，斗指乙，则清明风至。"到了清明时节，气象清明，景色明朗，被古人称为气清景明，清明也因此得名。正如《岁时百问》解释的那样："万物生长此时，皆清洁而明净。故谓之清明。"

清明时节，南北方的天气也截然不同，南方"清明时节雨纷纷，路上行人欲断魂"，北方则少雨干燥，沙尘天气多发。清明有踏青、放风筝、祭祖扫墓等传统习俗。

6. 谷雨

谷雨是春季的最后一个节气。《月令七十二候集解》这样解释谷雨节气："三月中，自雨水后，土膏脉动，今又雨其谷于水也……盖谷以此时播种，自上而下也。"《群芳谱》也有记载："谷雨，谷得雨而生也。"

谷雨时节，气温升高，春雨绵绵，非常适合谷类作物生长，所以是种植这类农作物的最佳时期。农谚有"清明谷雨两相连，浸种耕田莫迟延"的说法。

7. 立夏

立夏是夏季的第一个节气。立夏的到来，表示春天已经过去，夏天正式开始。立夏之后，日照逐渐充足，气温逐渐增高，农作物也开始茁壮成长。农谚有"立夏前后栽地瓜""立夏前后，种瓜点豆"等说法。

8. 小满

"满"有两层含义，一指雨水丰满，降水充盈；二指小麦麦穗颗粒饱满。在《月令七十二候集解》中有这样的描述："四月中，小满者，物至于此小得盈满。"说的就是每到小满时节，北方地区麦类农作物的籽粒已经生长饱满，但是还没有成熟，所以叫作小满。

9. 芒种

"芒"的本义是草顶端的针状物，《说文解字》："芒，草端也。"这里指"有芒的作物"，比如稻、黍、稷等。"种"有两种含义，一指种子，二指播种。《月令七十二候集解》对芒种的记载："五月节，谓有芒之种谷可稼种矣。"意思就是，到了芒种这个时节就可以播种有芒的谷类作物了。

每当芒种，南方地区的人们就开始忙着种稻插秧，而在北方地区，人们则开始忙着收割成熟的小麦。农事耕种也以芒种这一节气为界限，芒种过后，农作物的成活率越来越低，不宜再耕种作物了。

芒种在阳历六月，此时春花凋谢，绿意正浓，许多民间祭祀花神的仪式便在此日展开。

10. 夏至

夏至是夏季的第四个节气。这一天是北归回线及其以北地区白昼时间最长的一天，纬度越高，白昼越长。夏至过后，气温逐渐升高，天气也会逐渐变热。此时，农业产量受降水影响很大，作物正当渴雨之时，因而有"夏至雨点值千金"的说法。《荆楚岁时记》中记有："六月必有三时雨，田家以为甘泽，邑里相贺"，这充分体现了夏至时节雨水之于农业的重要性。

11. 小暑

小暑是一个体现天气炎热程度的节气。《月令七十二候集解》中将小暑解释为："六月节……暑，热也，就热之中分为大小，月初为小，月中为大，今则热气犹小也。"暑，是炎热的意思，而小暑时节还不是夏季最炎热的时候，故称为小暑，也就是"小热"。小暑是炎热夏天、酷热天气的开始。俗语有"小暑不算热，大暑三

伏天"的说法。

12. 大暑

大暑是夏季的最后一个节气。大暑，即"大热"。大暑时节，温度最高、天气酷热、雷雨频繁，是万物迅速生长的季节。

大暑节气在"三伏天"中的"中伏"前后，是一年当中最热的日子。这一时段，不仅温度高，而且降雨多，对人来说难免酷暑潮湿难耐，但对于农作物来说，却是成长最快的时节。

13. 立秋

立秋，也就是秋天的开始，这是秋季的第一个节气。立秋时节，阳光光芒收敛，雨水逐渐减少。立秋，并不代表着炎热酷暑的天气正式过去了，虽为立秋，但仍然处于暑热时段。

14. 处暑

处暑是一个反映气温变化的节气。《月令七十二候集解》说："处，止也，暑气至此而止矣。"处，就是"止"。处暑，即"出暑""止暑"，也就是炎热停止的意思。到了处暑节气，三伏天通常已经过去。民间有"一场秋雨一场寒"之说，每当风雨过后，气温就会明显下降。

15. 白露

到了白露，闷热的夏天基本结束，天气渐渐变凉，水汽开始凝结成露珠。关于白露的由来，《月令七十二候集解》是这样解释的："水土湿气凝而为露，秋属金，金色白，白者露之色，而气始寒也。"古人以四季配五行（金木水火土），而秋季属金，金为白色，所以用白色来形容秋天的露水，故称"白露"。

16. 秋分

与春分相同，秋分的"分"也有两重含义。一是平分昼夜，二为平分秋季。秋分过后，白昼渐短，黑夜渐长。

在古代，秋分曾经是"祭月节"。最初，古人将秋分这一天定为"祭月节"，不过这一天不一定都是满月，所以后来就改为农历八月十五祭月，而后逐渐演变成"中秋节"。

17. 寒露

寒露是秋季的第五个节气。寒露过后，气温逐渐下降，地面上的露水也逐渐变凉，甚至结成冻露，故称为寒露。《月令七十二候集解》："寒露，九月节，露气寒冷，将凝结也。"

18. 霜降

霜降是秋季的最后一个节气。《月令七十二候集解》："九月中，气肃而凝露结为霜矣。"霜降时节，天气越来越冷，随着昼夜温差不断增大，空气中的水分凝结成霜。黄河中下游地区的初霜日多在十月下旬至十一月初，基本与霜降节气的时段相符合，而江南地区的初霜日多在霜降时节的 20 天之后。

19. 立冬

立冬是冬季的第一个节气，象征着秋季已过，冬季已来。《月令七十二候集解》说："冬，终也，万物收藏也。"意思是说，"冬"就是"终了"，农作物都收割完毕，收藏进了仓库，动物们也都藏起来过冬了。可见，立冬不仅代表着冬季的开始，也象征着万物收藏，规避寒冷。

20. 小雪

《孝经纬》中有对小雪的记载，其曰："（立冬）后十五日，斗指亥，为小雪。天地积阴，温则为雨，寒则为雪。时言小者，寒未深而雪未大也。"意思是，立冬后的十五日，就是小雪。天地间积累的水汽，在天气温暖时降而为雨，天气寒冷时降而为雪。之所以称之为"小"，是因为在这个时节天气还没有那么寒冷，降雪也没有那么大。小雪过后，天气渐冷、降雪增多，农谚道："小雪雪满天，来年必丰年。"这个时段下雪，对农作物是有好处的。

21. 大雪

与小雪一样，大雪节气反映的也是气候的变化与特征。大雪到来，气温显著下降，降雪明显比小雪时增多了。"大雪"并不表示"降雪量一定多"或者"降雪量最大"。在整个冬季，降雪量最大的时节其实是大寒和小寒。民间有"冬无雪，麦不结""大雪兆丰年，无雪要遭殃"的谚语，大雪时节下雪，对农作物的作用是重大的，积雪能使农作物免受冻害，能防止春旱，还能冻死土壤中的害虫。

22. 冬至

在冬至这一天，北半球的白昼最短，黑夜最长。在民间，冬至也是一个祭祖的传统节日。在古代，冬至被视为冬季的一个盛大节日，民间甚至有"冬至大如年"的说法。

现在，在中国的南方地区还保留着冬至祭祖和宴饮的传统，而北方则有在冬至当天吃饺子的习俗。

23. 小寒

小寒也是表示气温变化的节气。《月令七十二候集解》解释说：

"小寒，十二月节。月初寒尚小，故云，月半则大矣。"意思是到了小寒节气，天气日益寒冷，但还没有到最寒冷的时候。其实，小寒是我国大部分地区最冷的时候，故有"冷在三九""小寒胜大寒"等说法。

24. 大寒

大寒，是二十四节气中的最后一个节气。大寒，就是天气冷到极致的意思。大寒节气通常在一年的年末，冬去春来，大寒的到来不仅象征着最冷天气的到来，也代表着冬季即将过去，新的一年即将开始。大寒之后立春之前，许多重要的民俗节令相继到来，除了我国最大的节日"春节"之外，还有诸多节日，如小年、除夕等，都处在这一节气之中。

（二）保护与传承

2016 年 11 月 30 日，中国的"二十四节气"被联合国教科文组织正式列入人类非物质文化遗产代表作名录，这一项"中国人通过观察太阳周年运动而形成的时间知识体系及其实践"正式走出国门，站上了世界的舞台。在国际气象学界，"二十四节气"也有着重要的地位，作为一个将农学与天文学两大领域知识紧密结合在一起所形成的知识体系，它也被誉为"中国第五大发明"。

"二十四节气"是中国古代人民在生活与劳动过程中形成的智慧结晶，是古代人民与自然和谐相处模式下的产物，它体现了中国历来推崇的"与自然和谐发展"的宗旨。① 作为中国一张特有的文

---

① 徐旺生．"二十四节气"在中国产生的原因及现实意义［J］．中原文化研究，2017（4）：100．

化名片，"二十四节气"向世界展示了中国独特的文化面貌和独有的浪漫情怀，也让世界人民更加深入地了解中国人的生存智慧和生活艺术。

学有所思

1. 关于二十四节气，在民间有很多不同的习俗，如冬至吃饺子，寒露赏枫叶、喝菊花茶，此外，你还知道哪些节气习俗呢？

2. 二十四节气跟农耕农事息息相关，看完本节内容，你能说出每个节气都应该进行哪些相应的农事活动吗？

3. 与二十四节气相关的农谚有很多，比如"清明高粱谷雨花，立夏谷子小满薯"，这句说的是什么节气该种什么作物？此外，关于"惊蛰不冻虫，寒到五月中"这句农谚，你知道是什么意思吗？

4. 霜降是秋季的最后一个节气，霜降过后，进入深秋，气温迅速下降，昼夜温差变大。那么，"霜降"是否就是"降霜"的意思呢？

第二节　传统节日

中国的传统节日众多，每一个节日都有着悠久的历史与独特的传统习俗。中国的传统节日与二十四节气密切相关，还与社会习俗、历史文化等有关。中国现存的传统节日体系萌芽于先秦时期，之后逐渐成型并得到传承和发展，一直流传至今。今天，在众多的传统节日中，春节、元宵、清明、端午、中秋这五大节日的意义较为重大，因为这些节日通常都象征着家人团聚，寄托着对亲人的思念。故本章着重讲述这五个传统节日。

一、春节

"爆竹声中一岁除，春风送暖入屠苏。千门万户瞳瞳日，总把新桃换旧符。"宋代诗人王安石的一首《元日》，将春节的民俗与传统描述得淋漓尽致。

春节，古时称为元日，又称正旦、元旦、岁朝等，是中国传统节日中最重要的一个。春节一般指一年当中的第一天，即正月初一，但在民间，传统意义上的春节始于农历正月初一，终于农历正月十五。

春节喜气洋洋的气氛

在古代，春节是一个与农业生产相关的节日，也叫作"年节"。"年"是一个时间概念，是古人对农作物的生长周期与季节更替变化的总结。《说文解字》："年，谷熟也。"《尔雅》也有"年者，取禾一熟也"的说法。年，也就是谷物成熟的意思。不难发现，在我们的传统文化中，农耕文明的气息无处不在。

演变到今天，春节所包含的农耕意义已经很少了，它逐渐成为一个阖家团圆的重要日子，也承载着在外漂泊之人对家乡的思念之情。

一般来说，各种年节活动从小年就开始了。在小年这一天，人们要打扫庭院，送灶王爷升天，杀猪宰羊，准备年货。从这天开始，一直到除夕，人们每天都在为庆祝春节而忙碌着。

春节的传统习俗也有很多，包括贴春联（古时称为桃符）、放鞭炮、穿新衣等。最隆重的当属除夕的年夜饭。在北方，饺子是年夜饭的主角，而南方一些地区则是吃汤圆，寓意团团圆圆。除夕当晚，一家人围坐在一起，享用一桌美味佳肴，寄托的也是亲人们对彼此的祝福以及对来年的期盼。

二、元宵节

元宵节（正月十五），又称"上元节""灯节"。宵指入夜时段，大概在晚饭后的八九点钟，正月又称元月，故人们把一年中第一个月圆之夜正月十五称为元宵节。据史书记载，元宵节起源于汉朝。自汉高祖刘邦驾崩后，由吕后把持朝政。大臣周勃等人为保汉室江山，扫除了吕后的党羽及其家族众人，拥立汉文帝刘恒继位。吕后及其党羽被扫除的日子正好是正月十五，故而，每年的正月十五的晚上，汉文帝都要微服私访，到民间与百姓共同庆祝，以此来纪念这一天。[1]

吃元宵（汤圆）是元宵节最重要的一项习俗。元宵（汤圆）是一种用糯米粉包裹馅料制成的圆球状食物。可煮、蒸、煎、炸而食之。在新年的第一个月圆之夜（正月十五），一家人围坐在一起吃元宵（汤圆），也象征着家庭团圆，寄托了人们对幸福生活的向往和期盼。

---

[1] 徐潜.中国民俗文化［M］.长春:吉林文史出版社，2013:137.

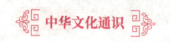

此外，猜灯谜也是从古代流传至今的一个元宵节习俗。猜灯谜，又称"打灯谜"，起源于宋朝。每到元宵节夜晚，大街小巷都会挂起彩灯，燃放烟花，人们纷纷赏灯、猜谜。一开始，有好事的人把谜语写在纸上，然后贴在彩灯上，让来往游玩的人们去猜。因为这种谜语既有趣又能启迪智慧，所以参加的人众多，之后就慢慢地流传到各个阶层，逐渐演变成元宵节不可或缺的民俗活动。

三、清明节

清明节一般在阳历 4 月 5 日前后，又称三月节、踏青节、祭祖节等。清明节起源于上古时期人们的祖先信仰以及春祭礼仪，既是传统节日又是自然节气。从古至今，郊游踏青与祭祖扫墓一直是清明节的两大礼俗主题。在这一天，每家每户的孝子贤孙都要到郊外扫墓祭祖，以寄托对祖先的敬重哀悼之情。

禁火寒食，也是清明节的一大传统。此外，古时清明节还有踏青、插柳枝、蹴鞠、打马球、荡秋千、植树、放风筝等习俗。

四、端午节

农历五月初五这一天是端午节，又称为"天中节"或"端阳节"。"端"意为"初始"，"端午"即"初五"。

关于端午节的起源，一般有几种说法。一说是为了纪念跳江而亡的著名爱国诗人屈原，这也是流传最广泛的一种说法；二说是为了纪念春秋时期吴国的大功臣伍子胥；三说是为了纪念东汉时期跳江救父的孝女曹娥。

吃粽子是端午节的一大习俗，起源于荆楚地区。据说，古时荆楚地区的百姓在五月初五这一天用竹筒将蒸好的糯米饭投入汨罗江中，以纪念屈原。之后，人们用竹叶代替了竹筒，渐渐地就演变成我们今天所吃的粽子。

端午节的传统食物——粽子

　　在端午节，给小孩子佩戴香包也是一种传统。通常来说，香包中会加入朱砂、雄黄、香药等带有香味且具有驱虫功效之物，意在避邪驱瘟。这一天，人们还会在门框上悬挂艾叶、菖蒲等植物，以驱邪避毒。

　　端午节正值仲夏，天气闷热，人们多发皮肤病。所以，古人喜欢在这一天煮兰草为汤用来沐浴，以去除污秽。故而，古人也将端午节称为"浴兰节"。

　　此外，古人还会在端午节这一天赛龙舟。

屈原的故事

战国时期，屈原是楚国的一位大夫，当时的楚国国君楚襄王听信谗言，将屈原流放到湘南之地。屈原壮志难酬，有一腔爱国之情却无法施展宏图抱负，又不屑与小人奸佞为伍，遂在公元前278年农历五月初五这一天，抱着一块大石头毅然投身汨罗江中。当地的百姓十分敬仰他的品格与情操，就自发地结伴划船去打捞他的遗体，到最后却没能找到。于是，人们就把糯米饭装进竹筒，扔到汨罗江中供鱼儿们食用，以免它们咬食屈原的遗体。赛龙舟和吃粽子这两个端午习俗也由此而来。

五、中秋节

每年的农历八月十五是传统的中秋佳节。因农历八月也是秋季的第二个月份，所以也称作"仲秋节"。又因为在农历十五日这一天，月圆且明，故又称为"祭月节"。

中秋节起源于古时的祭月、拜月活动。每到农历八月十五，人们就会在院中摆设香案，再将月饼以及秋天新收获的谷物与水果放置在香案上，然后全家人依次祭拜月亮，以祈求团圆、感恩丰收。

如今，中秋祭月活动已经很少进行了，但全家人在中秋当晚一起赏月、吃月饼却成了中秋节必不可少的习俗。

学有所思

1. 屈原是我国古代著名的爱国诗人，《离骚》是他的代表作。现在，你还能记得《离骚》的内容以及所表达的思想感情吗？

2. 中国的传统节日中，很多都与祭祀先祖、纪念先人有关，既是表达思念，也是表达感恩或崇敬。或许这就是传统节日一直延续到今日的重要原因之一。除了文中提到的那些节日，还有哪些传统节日是为了祭祖而设立的呢？

第三节　茶、酒文化

白居易有诗曰："坐酌泠泠水，看煎瑟瑟尘。无由持一碗，寄与爱茶人。"杜甫写道："万里悲秋常作客，百年多病独登台。艰难苦恨繁霜鬓，潦倒新停浊酒杯。"三国时期，吴国第四代君王孙皓"以茶代酒"保全老师韦曜的颜面；刘备与曹操青梅煮酒论英雄；唐代诗仙李白斗酒诗百篇。可以说，自古以来茶与酒就是中国人生活中不可或缺的一部分，在其发展的过程中，也形成了中国特有的茶、酒文化，为中国几千年的历史文化添上了浓墨重彩的一笔。

一、中华茶文化

（一）茶文化溯源

中国是最早发现茶并利用茶的国家，可以说，中国是茶的故乡。据说，早在神农氏时代，中国古人就已经发现了茶，并学会了使用茶。

　　唐代茶学家陆羽编撰了世界上最早的茶学论著——《茶经》，他也因此被尊称为茶圣。《茶经》的问世，为中国的茶文化历史开启了新的篇章。从此以后，茶文化不仅盛行于宫廷，更流传于民间，茶被融入诗词歌赋、书法绘画，也被赋予了更多的精神内涵。几千年来，在种茶、吃茶、用茶的过程中，中国人不但积累了关于茶叶种植与生产的物质文化，更传承了与茶有关的精神文化，从而创造了中国特有的茶文化。

中国茶文化源远流长

（二）茶文化的发展

1. 汉代茶文化

东汉时期，在名医华佗所作的《食论》中有这样的记载："苦

茶久食，益意思。"意思是：浓茶经得起一而再、再而三地冲泡，久也不失其味，还有助于提神清脑。可以见得，茶叶在当时已经被用来治病救人了。西汉时期，人们将生产茶叶的县称为"茶陵"，也就是当今湖南省的茶陵。

2. 魏晋南北朝的茶文化

魏晋南北朝时期，文人之间掀起了饮茶之风，随之而出现的就是与茶相关的诗词歌赋。在这个时期，茶已经脱离了饮食层面上的形态与含义，成为一种精神与文化的象征。在当时的社会上，门阀兴起，奢靡成风，因此一些文人与有识之士便提出了"养廉"的价值观，他们推崇以茶代酒，以茶待客，并用茶来祭祀，以表达自己的精神与情操。

3. 隋唐时期的茶文化

到了隋朝，全民饮茶，中国茶文化也初步成形。茶圣陆羽的著作《茶经》的问世，标志着隋唐茶文化的形成。《茶经》不仅描述了茶在物种与自然方面的知识，还记载了茶在人文科学方面的应用，详细讨论了饮茶艺术，在饮茶中融入了儒家、道家和佛家三教的思想与内容，让中国茶道精神得以创新。

唐代的茶文化与禅宗有关。当时，禅宗兴起，因为茶有生津止渴、提神醒脑的功效，所以很多寺庙周围都会种植大量的茶树，并制定专门的茶礼，设置茶室，进行茶道活动。

唐代的茶道主要分成三类：宫廷茶道、寺院茶礼和文人茶道。

4. 宋朝的茶文化

至宋朝，茶产业已经得到了极大的发展，茶文化也因此而得以推动。这时，专业品茶的社团在文人墨客中兴盛起来。"汤社"与

"千人社"，分别是朝廷官员与佛教徒建立的品茶社。

宋朝的开国皇帝宋太祖赵匡胤就是一位典型的饮茶爱好者。为了更好地发展茶文化，他设立了专于茶事的宫廷茶机关，将宫廷茶道分成不同的等级，茶礼也成为一种专门的礼制。皇帝也会经常给大臣和亲族赐茶，以此来作为笼络人心的重要手段。

民间也形成了多姿多彩、风格各异的茶文化。比如，两家定亲时要"下茶"，结婚时需"定茶"，同房时也要"合茶"。再比如，邻里之间友好交往要"献茶"，客人来访需敬"元宝茶"。

5. 明清时期的茶文化

在明朝，茶不仅在人们的生活中占据了重要的地位，而且开始作为一种精神象征频繁地出现在文人雅士的作品中。比较著名的有文徵明的《惠山茶会图》、唐伯虎的《事茗图》《品茶图》等，都为传世之作。

明朝的茶叶已经有了很多种类，蒸青、炒青、烘青等名茶相继出现，泡茶、煮茶的技艺各不相同，茶具、茶艺都已成为茶文化的独特代表。

到了清朝，茶叶正式向海外出口，茶叶贸易成为一种专门的行业，文人与茶事研究者更创作了不计其数的茶书、茶诗及其他与茶相关的作品。

6. 近现代茶文化

如今，茶文化已经成为中国的一种传统文化，在全国各地的很多地方都能够看到茶文化研究会、茶道表演的身影。全国各地也会竞相举办风格各异的"茶文化节"。茶文化早已经成为中国人的日常生活与文化传统中不可分割的一部分。

茶与茶具

中国十大名茶

　　中国茶叶种类众多，每种茶叶都形色俱佳、各有千秋。其中，西湖龙井、铁观音、祁门红茶、碧螺春、黄山毛峰、白毫银针、君山银针、蒙顶茶、冻顶乌龙茶、普洱茶被誉为"中国十大名茶"。

二、中华酒文化

（一）酒文化溯源

据古籍记载，酒的发明，纯属偶然。据说有一次，杜康将没吃完的粮食放到空心的桑树中，一段时间过后，粮食在桑树中自然发酵，从中流出了一种液体，还散发着阵阵香气。杜康好奇地尝了尝这种液体，竟然发现滋味甚好。受此启发，杜康就发明了酒。相传，杜康就是夏朝的国王少康，可见中国制酒的历史源远流长。

曹操在《短歌行》中写道："对酒当歌，人生几何！譬如朝露，去日苦多。慨当以慷，忧思难忘。何以解忧？唯有杜康。"这里的"杜康"，指的就是美酒。

东汉许慎写的《说文解字》中提到："古者少康初作箕帚、秫酒。少康，杜康也。"而晋朝人江统也说："酒之所兴，肇自上皇，或云仪狄，一曰杜康。"因此，古人将酒的发明归功于仪狄、杜康，称二人为酿酒之鼻祖。

中国酒文化不仅是一种物质文化，更是一种精神文化。古人饮酒，更多的是品文化、品精神。

（二）酒文化的发展

1. 先秦时期的酒文化

先秦时期，因粮食产量低以及酿酒技术不成熟，酒的质量和数量并不高，但酒文化并未受到影响，此时的酒文化十分丰富。无论

是祭祀活动，还是日常生活中招待客人，酒的使用都有相关的规定。这一时期甚至还出现了禁酒令，即《尚书》中的《酒诰》，这也是我国最早的禁酒令。

2. 秦汉时期的酒文化

秦始皇统一天下建立秦朝以后，社会经济已经发展得较为繁荣，酿酒行业也随之发展起来。秦汉时期，饮酒已经不再是皇亲贵族特有的权利了。由于酿酒活动增多，喝酒的人自然也多了起来，"酒政文化"（为了减少五谷粮食的消耗，统治者多次禁酒，倡导国民戒酒，却一直没有成功）随之出现。

到汉代，酒文化的基本功能演变成人伦调和、供奉神灵以及祭祀先祖。同时，酒文化也逐渐开始与各种节日相结合，从而形成了别具一格的饮酒日。

3. 魏晋时期的酒文化

魏晋南北朝时期，接连不断的战乱使得国家、社会动荡不安，人们常常借助于饮酒，抒发自己对人生、社会以及历史的感慨与忧思。此外，魏晋多风流名士，酒往往是这些名士及文人墨客交往交流、表达情感、文学创作的重要媒介。当时，"竹林七贤"之一的刘伶就嗜酒如命，并写下了与酒相关的文学名篇——《酒德颂》。

4. 唐宋时期的酒文化

酒文化在唐代得到了极大的发展。唐朝诗词文化的繁荣对酒文化也起着促进作用。诗歌中的酒、音乐中的酒、书法中的酒、绘画中的酒、文章中的酒……各有千秋，风采各异。诗仙李白就写下了众多与酒相关的诗句，比如，"花间一壶酒，独酌无相亲。举杯邀明月，对影成三人。""两人对酌山花开，一杯一杯复一杯。"此外，杜甫、白居易、王翰等文人都写过与"酒"相关的诗文。在这个时期，酒馆也逐渐增多，酒文化日益融入平常百姓的日常生活中。

宋朝时期，随着城镇经济的繁荣发展以及地方独有的社会气候的逐步形成，各种服务行业，如茶馆、酒楼等兴盛发展起来。而这一盛况则被众多艺术作品记录下来，如记录北宋都城盛景的《清明上河图》，其中繁华的街市景象与其中装潢华丽的酒楼令人印象深刻。这也表示在当时的市井之间，饮酒娱乐早已成为一种常见的生活方式。

5. 明清时期的酒文化

明清以来，酒已经成了人们生活中不可或缺的一部分。佳节节庆要饮酒，宴请拜贺要饮酒，故人相逢要饮酒，离别送行也要饮酒。此时，酒的种类也变得多了起来，常见的有椒柏酒、填仓酒、菖蒲酒、桂花酒、菊花酒等。

人们还发明了酒令，将其与花草树木、飞鸟鱼虫、诗词歌赋、小说戏曲、民俗时令结合起来，雅俗共存，"阳春白雪"与"下里巴人"同在，将酒文化从高雅推向通俗，从文人雅士推向市井百姓。

6. 现当代的酒文化

现当代，酒更加广泛、深入地融入人们的生活中，开心时可饮酒，难过时可饮酒，有喜事时可饮酒，庆贺吊唁时也可饮酒，可以说，酒成为人们生活中的一种情绪寄托，酒文化与酒的精神内核也得到了空前的发展与丰富。中国酒文化逐渐发展成中国特有的人情文化与餐桌文化。

———————— ⌐ **学有所思** ⌐ ————————

1. 中国历史上，与茶和酒相关的典故还有很多。除了文中提到的"煮酒论英雄""以茶代酒"的典故，你还知道哪些与茶、酒相关的历史典故呢？

2. 中国酒文化源远流长，博大精深。如今，中国酒文化也被赋予了更多的意义与精神内涵。你知道酒对当今中国人来说都有哪些重要的意义吗？

第四节　传统美食

民以食为天，我们的祖先们在适应与改造大自然的过程中，也创造了中国特有的传统美食体系。中国的饮食文化，因此而源远流长。

一、中国食文化特色

在几千年的发展历程中，中国饮食形成了特有的饮食风格与烹饪特点。单烹饪手法就有近百种之多，包括煎、炒、烹、炸、煮、烧、烤、烩、熘、炖等。

中国菜肴注重色香味形俱全，即香气浓郁、味道鲜美、形色俱佳。比如，川菜以酸辣、味浓、色重为特点，入口咸香麻辣，满足味蕾；淮扬菜以味道清淡鲜香、口感鲜嫩为特点，颜色清新，注重保留食材本身的味道。就形而言，以花式冷拼盘最为突出。以时蔬、熟肉为食材，在盘底拼出五彩斑斓的图案，有亭台楼阁、花鸟鱼虫、山川河流、珍禽异兽等，一道菜就是一幅栩栩如生的画，令

人赏心悦目、为之赞叹。

此外，中国菜肴在命名上也颇具意趣、独具特色。比如，双龙戏珠、玉兔白菜、松鹤延年、冰花雪莲等，每一道菜的名字听上去都是一幅诗画，既有意境，又有情趣。光听菜名，就让人对菜肴充满好奇，迫不及待地想一探究竟。

二、节令食俗

传统时令节日在中华文化中占据着重要的地位，相应的，节令食俗也是中国饮食文化中特殊的存在，有着不可替代的文化意义。

饺子。对于中国人来说，饺子是最具有文化深意的一种食物。亲人团聚吃饺子，传统节日吃饺子，庆贺祝祷也要吃饺子。饺子寄托着人们团圆的喜悦和对幸福的期盼，它所承载的意义，是任何食物都无法替代的。时至今日，每到除夕、端午节、中秋节、元宵节等亲人团聚的节日，饺子依然是餐桌上的主角。吃饺子，是传统节日的一种习俗，也是中国人对于文化的一种传承。

元宵。也称汤圆。吃元宵是元宵节的一大习俗。古人认为，月圆代表着团圆，有思念和爱情的意象，元宵均为圆（球）形，吃元宵亦有团圆之意，在正月十五吃元宵，表达了人们祈求在新的一年团圆美满的美好愿景。

粽子。粽子是用竹叶包裹糯米而制成的一种食物，吃粽子是端午节的重要习俗。今日，全国各地所食的粽子也各有不同。北方主要吃甜粽，一般在糯米中放入大枣、红豆沙等甜馅；而南方则喜食咸粽，一般以糯米包裹肉馅。

月饼。在古代，月饼最初是用来祭天、拜月的供品。随着历史的发展，月饼逐渐与各地的饮食文化相融合，演变出今日的广式、京式、潮式、滇式等各个种类，在全国各地被人们所喜爱。

三、八大菜系

因为地理、气候、物种、习俗以及特产的不同，各个地区的饮食习惯以及饮食体系也不尽相同。通常来说，中国饮食可以分为八大菜系，分别是鲁菜、川菜、粤菜、江苏菜、闽菜、浙江菜、湘菜、徽菜。

（一）发展历史

在宋朝，全国各地的饮食差异就已经显现出来，饮食的主要特点为北甜南咸。当时，辣椒还没有传入中国，所以"麻辣"这种口味还未出现。南宋时期，社会动荡、国家不安，很多北方人都移民去了南方，这才将甜口味逐渐传入南方。南方地区受北方人带来的甜口味的影响，逐渐形成了自己的菜品派系。至明朝末期，中国的饮食特点主要有三种，分别是偏咸的京式以及偏甜的苏式和广式。

到了清朝，中国饮食已经发展成了四大菜系，即川菜、鲁菜、粤菜和苏菜。新中国成立后，渐渐发展成了当今这种被社会公认的鲁、川、粤、苏、闽、浙、湘、徽"八大菜系"。

（二）八大菜系的秘密

1. 鲁菜

鲁菜，即山东菜，起源于商朝末年，是中国历史最悠久、影响

最大的宫廷菜系，被称为"八大菜系之首"。鲁菜的特点是刀法细腻、选材精细、菜色多样并且善用葱姜。糖醋鲤鱼就是著名的鲁菜代表。

2. 川菜

川菜，即四川菜，其发明时间可追溯至秦汉时期，起源于四川、重庆一带。川菜多用辣椒、胡椒、花椒、豆瓣酱等调味品，通过不同的比例和搭配，可调制出不同的口味。麻、辣、鲜、香是川菜最主要的特点。鱼香肉丝、麻婆豆腐等都是有名的川菜。

经典川菜

3. 粤菜

粤菜即广东菜，最注重保留食材本味，很少使用辛辣刺激的调味料，选材丰富精细、口味清淡是粤菜最大的特点。著名的粤菜有白切鸡、白灼虾、菠萝咕噜肉等。

4. 苏菜

苏菜起源于南北朝、唐宋时期，主要包括南京、徐海、淮扬和苏南四种风味。苏菜注重食材的选取，对刀工的要求比较高，口味偏甜且造型别致。淮扬狮子头、叫花鸡、盐水鸭等都是苏菜的代表名菜。

5. 闽菜

闽菜，以福州菜为主要代表，其主要特点为清鲜、淡爽，且口味偏甜偏酸。名菜佛跳墙就是典型的闽菜。

6. 浙菜

浙菜，即浙江菜。浙菜讲究刀工，注重保留食材本身的清鲜味道，制作精细，清鲜爽口。主要代表菜有荷叶粉蒸肉、西湖醋鱼、虾爆鳝背等。

7. 湘菜

酸和辣是湘菜最大的特色。辣椒是湘菜中必不可少的一剂调味料，以辣为主，将酸融入其中，造就了湘菜的独特风味。东安子鸡、红椒腊牛肉、剁椒鱼头等都是著名的湘菜。

8. 徽菜

徽菜，指的是徽州菜。烤和炖是徽菜最常用的两种烹饪方式。徽菜的主要特点是油大、芡浓、色重、火候到位。腌鲜鳜鱼、黄山炖鸽等是徽菜中的名品。

学有所思

1. 筷子，是起源于中国的特色餐具，是华夏饮食文化的标志之一。古人对筷子的长度制定了统一的标准，即七寸六分。你知道这一长度背后所蕴含的意义是什么吗？

2. 饺子、月饼、粽子、元宵都是对中国人有着特殊意义的传统美食，是中华饮食文化与传统时令文化中浓墨重彩的一笔。此外，你还知道哪些具有特殊意义的传统食物呢？

3. 宫保鸡丁是中国的一道名菜，在鲁菜和川菜中都有收录。宫保鸡丁起源于清朝，由鲁菜酱爆鸡丁改良而来。你知道宫保鸡丁是谁发明的吗？

第五节　传统体育

在中国古代，虽无"体育"一词，但古人却发明了多种多样的体育活动，成为中华文化和古代文明的重要组成部分。

一、蹴鞠

蹴鞠，又称为"蹋鞠""蹴球"等。"蹴"就是"踢"的意思；"鞠"指的是一种外面用皮革包裹，里面装满米糠的球。"蹋鞠"实则指的是古人用脚踢球的这种活动。

"蹴鞠"一词，最早出现在《史记·扁鹊仓公列传》中。书中说，西汉时期安陵阪里公乘项处，痴迷蹴鞠，身患重病而不辍，最后不治而亡。可见，蹴鞠在当时已成为一些人极为热爱的一项运动。

据史料记载，蹴鞠活动早在战国时期就已经流行民间，只不过那时叫作"蹋鞠"。到了汉朝，蹴鞠已经成了一种练兵之法。刘向《别录》中说："蹋鞠，兵势也。所以练武士，知有材也，皆因嬉戏

而讲练之。"宋朝时期，蹴鞠得到进一步的发展，已经出现了专门的蹴鞠组织与蹴鞠艺人，清代则开始流行"冰上蹴鞠"。

二、投壶

在古代，投壶既是一种游戏，也是一种礼仪。

投壶起源于春秋战国时期，由射箭礼仪演变而来。当时，邀请客人射箭是士大夫们宴请宾客的一种礼仪，每逢宴饮，主人就会邀请宾客们射箭。但是，有些主人的庭院可能不够宽阔，没有足够的距离设置箭靶；有些时候，可能宾客众多，弓箭不够用；还有些时候，被邀请的客人可能不会射箭。这些情况下，就用壶来代替箭靶，以将箭投入壶中的形式来代替射箭，既可以娱乐宾客，又不失礼仪。

《左传·昭公十二年》记载："晋侯以齐侯宴，中行穆子相。投壶，晋侯先。"这是关于投壶的最早的文献记载。《礼记》中《投壶》一章专门对宾客宴饮过程中开展投壶活动的规则及礼法进行了记述："投壶之礼，主人奉矢，司射奉中，使人执壶。"

三、马球

马球，起源于汉朝，在唐宋时期广为流传得以兴盛。在古代，马球叫作"击鞠"，就是人骑在马上，拿着球杆将球击中射入球门。东汉末年，曹植的《名都篇》中就描写了当时人们打马球的场景："连翩击鞠壤，巧捷惟万端。"到了清朝，马球已不在民间盛传，而主要流行于军队和宫廷贵族之中。

四、冰嬉

冰嬉也是我国古代一项重要的体育活动，主要流行于古代的北方地区。宋朝时就已经有了关于冰嬉的记载。《宋史·礼志》中明确记载着当时的皇帝很喜欢冰上活动，经常在后苑里"观花，作冰嬉"。

至明朝，冰嬉已经成为一项宫廷运动。在明朝末期，清太祖努尔哈赤就拥有了一支擅长滑冰的军队。到了清朝，无论是在宫廷还是在民间，冰嬉活动都极为盛行，这也是冰嬉发展的黄金时期。在这一时期，冰嬉被称为"国俗"，是众多冰上活动的总称，包括抢等（现代的速度滑冰）、抢球（冰上手球）、转龙射球（冰上射箭）、花样滑冰、冰上蹴鞠、高台滑冰等。

学有所思

1. 在明朝时，冰嬉是一种宫廷运动。到了清朝，冰嬉得到了进一步的发展，成为众多冰上运动的总称，被称为"国俗"。清朝"国俗"主要包括哪些运动？

2. 投壶，起源于射箭礼仪，也是古代的一种常见活动。在一些宴饮场合下，可以用投壶来代替射箭以娱宾客。那么，在哪些情况下可以用投壶代替射箭呢？

温故知新

民俗节令，是我国古代人民在日常生活和农业发展过程中创造出的宝贵的文化遗产。无论是反映节气与农耕农事的二十四节气，还是历久弥新的中国传统节日，无论是独特的茶酒与饮食文化，还是历史悠久的体育活动，无一不体现着中国古代劳动人民的智慧及其对生活的热爱，也无一不是中华文化中必不可少、不可分割的组成部分。

学习传统民俗节令不仅可以帮助当今国人了解中国传统文化，还可以帮助当代年轻人了解历史，继承传统，在成长与学习的过程中，将中华文化发扬光大。只是，在对传统文化发扬和传承的过程中，需要我们扬长避短，取其精华，去其糟粕。

你认为中华传统民俗节令在当今人们的生活中，起着怎样的作用？又有着怎样的意义呢？

第十章 中国传统特色文化

　　中华民族五千多年的历史文明孕育出了很多优秀的传统特色文化，包括特色名人文化与特色地域文化，这些文化浓缩了中华文化某一历史时期或某一地域的特色文化内容，它们风格各异，共同构成了中华文化庞大的体系内容，在一定的时间和空间内发挥着重要的文化影响。

　　了解我国的名人文化、地域文化，有助于我们对话古人、审视当世，对不同时空内的文化的产生、发展、影响进行深入的理解与思考，并从中受到启发，充分感悟中华文化的博大精深和深厚底蕴。

【文化要点】

❀ 认识以苏洵、苏轼、苏辙为代表的三苏文化，理解三苏文化精神内涵。

❀ 认识中原文化的起源、文化特征。

❀ 了解燕赵文化发展历程，理解燕赵文化的精神内涵。

❀ 了解齐鲁文化的形成过程、核心内容。

❀ 了解巴蜀风貌及巴蜀文化的地域特点。

❀ 了解闽台文化的特点。

第一节　三苏文化

一、三苏与三苏文化

三苏，是对在中国文学史上有重要影响的北宋三位文学家苏洵、苏轼、苏辙的合称，其中，苏洵是苏轼和苏辙的父亲，苏轼和苏辙是兄弟关系，苏轼是兄，苏辙是弟，人称三苏，有"一门三学士"的美誉。

在著名的"唐宋八大家"中，三苏占有三个席位，这足以说明三苏的影响与地位。

在文学史上，三苏与唐宋八大家其他各家一同提倡能自由表达思想的散文，反对堆积华丽辞藻意少词多的骈文，在很大程度上促进了唐宋散文的发展，对当时的古代散文的发展发挥了重要的推动作用，也为当时学子们的思想解放和儒家传统的复兴营造了文化氛围，奠定了思想基础。

　　在文学家、诗人辈出的唐宋时代，苏洵、苏轼、苏辙一家父子三人皆为名声在外的大文豪，这样的情况实属少见，三苏的文化成就和优良家风，在当时和后世都备受赏识和推崇，士大夫们争相传诵、效仿他们留下来的文学经典名篇，传承他们的文学思想。

　　"三苏文化"以苏轼为代表，包括苏洵、苏辙以及后世苏家文人们的代表性文学作品、哲学思想、饮食或民俗文化等，是极具特色的文化形态。

三苏雕像

知识拓展

唐宋八大家

　　唐宋八大家，又称"唐宋散文八大家"，是对唐、宋两代八位著名散文大家的统称，包括唐朝的韩愈、柳宗元，宋代的欧阳修、苏洵、苏轼、苏辙、王安石、曾巩。明初，朱右整理唐宋散文家的文章汇编成文集，所选文章均来自唐宋八大家，文集称《六先生文集》，文集中三苏合称一家，实际上是"八先生文集"。明中叶，在唐顺之编纂的《文编》中，所选取的唐宋文章也皆为此八家之文。明末，茅坤基于朱、唐二人之说，选辑了《唐宋八大家文钞》，"唐宋八大家"就此得名并开始流行。

二、三苏文化的具体内容

　　三苏文化，以苏洵、苏轼、苏辙的文学作品为主，包括三苏关于仕途、理想、教育等方面的各种观念，以及后世苏门的文学思想等精神文化；也包括与三苏及后人相关的故居、物品、古树木、亭台楼榭等物质文化。

欣赏三苏的文学作品，不仅能对三苏的文学成就、文学思想及治国、治学思想有所了解，也能对当时的文化风气、政治生态、社会面貌有所了解。

苏洵，眉山（今四川眉山）人，北宋文学家，苏轼、苏辙的父亲，唐宋八大家之一。苏洵虽"二十七，始发愤"，但一朝奋发便不可收拾，精通五经、诸子百家，对古今是非成败有独到见解，擅长散文、政论。苏洵的文章议论明畅，笔势雄健，"下笔顷刻数千言"，欧阳修赞赏苏洵的文章为"孙卿子之书"。

苏轼，是三苏文化的代表性人物，他的诗词是三苏文化的重要载体。作为北宋时期的文坛领袖，苏轼在诗、词、散文等方面均有很高的成就。此外，苏轼在书法、绘画、美食等方面亦有被人津津乐道的不凡成就。苏轼生性豪放、洒脱，为人率真，好交友，好美食，好游山玩水，他的文风完美呈现了他为人处世的性格与心态。苏轼进京应试的文章《刑赏忠厚之至论》，文风清新洒脱，获得主考官欧阳修的大加赞赏，在欧阳修的推荐下，苏轼的文章很快就轰动京城。从少年成名，到进献谏言、论新法弊病，再到乌台诗案，苏轼几经官场的大起大落，却始终心怀百姓，赈济灾民、修苏公堤，为官一任造福一方。苏轼的豁达心性和理想抱负也都融入他的创作中，日常交际、闲居读书、躬耕射猎、游览山水，"无意不可入，无事不可言也"。苏轼的作品提高了当时文学的艺术品位和地位，为后世留下了《水调歌头·明月几时有》《赤壁赋》《后赤壁赋》等诸多名篇佳作。苏轼的人和他的词作、书法、绘画等作品一样，"自是一家""自出新意，不践古人"，往往情感充沛、奔放豪迈、坦荡磊落，令后人为之感慨。

苏辙，唐宋八大家之一，少年成名。苏辙深受父兄的影响，文学成就方面与父兄相比虽有所不及，但自有特点。苏辙擅长写政论和史论，敢于针砭时弊。

　　今四川眉山的三苏祠，是三苏故里的重要人文景观，也是眉山文化的重要组成部分。三苏祠建筑也颇具人文气息，虽面积不大但景致错落，亭台楼榭与古树都散发着历史气息，让观者不禁畅想千年前的三苏的人生经历与情怀。

　　三苏文化发挥着存史资政作用，传承与发扬三苏文化，不仅有助于当代世人了解历史文化、古代诗词文化，也有助于了解先贤治世之道与人文风采。三苏文化是眉山文化、四川文化的典型代表，激励着历代青年读书正业、修身立德、豁达乐观、拼搏奋进。

三苏祠

东坡书院——苏轼被贬海南时讲学会友的场所

学有所思

1. 三苏是中国地方文化、名人文化的杰出代表，是中华民族文化的优秀组成部分，三苏文化作为当下我国四川眉山的文化象征，具有哪些典型的精神特点？

2. 苏轼对古文革新运动做出了杰出的贡献，不仅有理论贡献，而且有实际的创作贡献，是名副其实的大文豪和诗人，你能说出一两个苏轼的代表作品吗？说一说这些作品表现了怎样的思想内容以及你喜欢它们的原因。

3. 2018 年 1 月 23 日，联合国教科文组织授予四川眉山三苏祠文化遗产保护荣誉证书，对三苏文化给予了高度评价。你认为现代人应该如何保护、传承和发展三苏文化？

第二节　中原文化

一、中原文化的源头

中原，本意为"天下至中的原野"，狭义的中原指我国河南地区，在古代很多历史时期也泛指中国。本书的中原指以河南为中心的我国黄河中下游地区。

中原文化在中华文化中具有举足轻重的地位，可以说是中华文化的主流文化和中流砥柱。中原文化以河南为中心，以农耕文明为基础向四周辐射，影响延及海外。

中国历史上，中原地区是最早建立都城的地区，历史上先后有多个朝代定都于中原地区。陕西的西安和河南的洛阳，均是十三朝古都，西周、秦、汉、隋、唐等王朝均定都西安；夏、商、东周、东汉、隋、唐、武周等均在洛阳建都；河南开封为八朝古都，后梁、北宋、金等王朝均建都于此。

西安古城

在中国古代历史上，中原地区的文化一直有着较大的影响力，中原地区依托比周边地区先进的农耕文明和生产力，经济发展水平相对较高，政治、文化的发展也具有必然的先进性，这里成为历朝历代的发展中心。

二、中原文化的文化特征

在中华大地上，中原文化从古至今几乎是一脉相承的，并且一直是中国古代的政治、经济、文化中心。具体来说，中原文化主要有以下特质。

（一）根源性

中原文化的起源与发展历史悠久，而且有迹可循，有证可考。在河南南召，考古发现了中国早期人类：南召猿人，距今有50万年的历史。

中华儿女自称为炎黄子孙，相传，炎帝部落最初就活跃在黄河中下游地区，关于炎帝故里有很多不同观点，很多人认为，河南柘城便是炎帝故里。

良好的地理位置决定了中原地区文明始发的必然。黄河中下游地区温暖的气候条件、肥沃的土壤非常适合农作物的种植，这对于食不果腹的早期人类来说，是极好的自然馈赠。这样的自然条件下，形成了早期的农耕文明，夏、商、周三朝的绝大多数都城都在中原地区的今河南境内。这些都城见证了早期人类文明的起源与发展。

（二）原创性

中原文化是中原地区的人民群众在日常生活、生产中创造出来的，是原创的文化，而非外来文化的传入。

在中原大地上，中原文化创造了灿烂的中华文明，内容涉及生产技术、天文地理、文学艺术等多个层面。

造字、印刷术、指南针、陶塑（秦始皇兵马俑）、瓷器（唐三彩）、中医（张仲景撰写《伤寒杂病论》）、天文历法（张衡发明了地动仪、指南车，改进了浑天仪），这些伟大的发明和创造，都根生于中原地区。

地动仪　　　　　　　　　浑天仪

（三）开放性

中原文化建立在自给自足的自然经济的基础之上，经济和文化发展具有稳定性，而且保持了历史先进性，不容易受到其他文化的影响，且能保持足够的开放性。

历朝历代的文化发展中心，都始终在中原地区或中原地区附近，领先于同时期其他地区的文化让中原文化有着充足的文化自信，这种文化自信让中原文化开放、包容，能接受其他地域文化，包括域外文化，如波斯文化、佛教文化。

（四）辐射性

中原地区文化的相对先进性，决定了中原文化具有较强的文化影响力和文化辐射性，这种文化辐射性使得其他文化受到中原文化的影响，出现对中原文化的崇拜与向往。

在繁荣鼎盛的汉代文景之治、汉武盛世，隋朝开皇之治，唐朝的贞观之治、开元盛世，清前期的康乾盛世等历史时期，中原文化的辐射范围广泛、影响深远，与其他地区的文化交流也非常频繁。

中原文化的向外辐射源于它的先进性，以唐朝为例，唐朝文化以都城长安（今西安）为中心，向中国其他地区辐射影响，这种影响向东远至日本、韩国，向西远至欧洲。

龙文化

龙，是中华民族的图腾和精神象征。龙图腾最早发现于中原地区。

相传，人类始祖伏羲首创龙图腾。中国古人认为龙可以兴风布雨，保佑民间风调雨顺。龙图腾也作为中华民族的文化标志被传承至今，中华民族自称作"龙的传人"。

龙文化发源于中原地区，迅速影响辐射到整个中国。我国各地都有与龙相关的文化符号和活动，如"二月二，龙抬头"；正月十五看龙灯、舞龙；端午节划龙舟。龙是十二生肖之一。此外，龙还代表着至高无上的权威，如古代皇帝被称为"真龙天子"，皇帝穿的衣服称为龙袍，座椅称为龙椅。

在陶瓷制品、建筑物和建筑构件上也有很多龙的形象和装饰。

龙文化是中华文化的重要组成部分，是民族的重要文化象征。

三、中原文化的影响力

中原文化源远流长、先进开放、包容辐射，决定了中原文化具有很强的影响力。

在生产技术方面，中原地区的雕塑技术、冶炼技术、纺织技术等都具有鲜明的中原地方特色，而且具有不小的成就。

艺术方面，中原地区的建筑艺术、歌舞艺术颇有大家风范，汉百戏兼容并蓄、内容丰富，长安城建筑的格局与风格令人震撼，霓裳羽衣舞的艺术水平高超。

文学方面，自古文人墨客汇聚于此，创造了辉煌的诗词散文，许多名篇佳作传诵至今。

民俗方面，中原文化的先进繁荣吸引了周边文化的学习、效仿，既有民间对宫廷贵族言行举止的效仿，也有对中原文化踏青、节日出游、祭祀等活动的效仿。

中原文化的先进性，吸引着各地文化向中原文化靠拢、学习，如忽必烈模仿中原政权模式，金国内迁，女真人改用汉姓，提倡儒学，都足以证明中原文化的先进性和强大影响力。在中原文化影响下，我国各地域不断实现文化交流、民族融合。

中原文化的影响力不仅限于中国境内，更远播异域，中原文化东传日本、朝鲜，沿着陆上丝绸之路和海上丝绸之路，远传欧洲、印度。

━━━━━━━━━╗ **学有所思** ╔━━━━━━━━━

1. 中原文化是中国最早出现人类文明的地区之一，请你从自然地理角度说一说中原文化诞生、发展的原因。

2. 中原地区有很多先进的文化创造和发明，如地动仪、浑天仪，除此之外，你还知道哪些名人或伟大创造出自中原地区？

3. 龙是中华民族的重要图腾，龙象征了中华民族不屈不挠、奋发向上的精神，人们通过龙文化获得文化认同，增强民族归属感，除了本文中提到的龙文化内容，你的身边还有哪些与龙有关的文化符号和民间活动呢？

第三节　燕赵文化

一、燕赵文化的起源

（一）燕文化与赵文化

1. 燕文化

《汉书·地理志下》记载："燕地，尾、箕分野也。武王定殷，封召公于燕。"周武王克殷建周，将召公奭封在燕地，建诸侯国燕国，这里是燕文化诞生的最初地域。

战国时期，燕国是战国七雄之一，有郡邑 25 个，国力强大。燕国地处平原，一望无际，土地肥沃，农业基础条件好，与北胡相邻，东临渤海，道路不畅，地势险要，因此历来是兵家必争之地。燕国自建国初，尚武但不迷恋战争、多将才。

战国末期，燕太子丹派荆轲谋刺秦王，最后功败垂成，秦王愤而攻打燕国并灭燕。

燕国位于兵家必争的地理位置，民族冲突不断，战争频发，再加上荆轲刺秦的悲壮故事，使得这里形成了豪迈豪放、悲悯悲愤的地域文化。

2. 赵文化

赵国，是战国七雄之一。公元前 403 年，韩、赵、魏三家分晋，赵武灵王时期，赵国的疆土包括今河北省、山西省的大部分地区以及内蒙古阴山以南地区，与秦争霸数十年。公元前 222 年，秦军灭赵，赵国灭亡。

赵国的地理位置有利于其农业、商业的发展，也是民族矛盾、诸侯战争的爆发地。赵武灵王时期，学习胡服骑射，壮大军事力量，内吞中山，北收三胡设五郡，这一时期是赵国最强盛的时期。长平之战后，赵国由强转弱，六国合纵抗秦的邯郸之战虽然消耗了秦国的兵力，但仍没有改变秦灭赵的结局。

赵国地处平原地区，沃野千里，水源丰富，是中国古代重要的农业、畜牧业发展中心之一。赵国文化对周文化具有继承发展性，战国末期，诸侯纷争，周礼破坏严重，赵国保留了周文化中的大部分内容。平原文化和战争自卫，使得赵国多义士，毛遂自荐、窃符救赵、负荆请罪等故事都发生在赵国。

（二）燕赵文化的形成

燕国与赵国地域相邻，地理环境相似，农业和经济发展结构也具有高度的一致性，因此，燕国和赵国文化也具有高度的相似性和一致性，通常合称燕赵文化。

从地理环境的角度来说，燕赵地区，南以黄河为界、东至渤海、西至太行山、北临燕山，处于山水环抱的平原地区，是一种典型的平原文化。

从民族的角度来说，燕赵文化是一种典型的以汉民族为主体的文化。

二、燕赵文化的精神内涵

（一）勇于革新

革新，有助于推动文化的进步。

早在春秋战国时期，燕赵都非常重视文化的学习与发展，如学习周礼、在与北方游牧民族打交道的过程中学习对方的先进文化（赵武灵王推崇"胡服骑射"），对其他地域文化采取的是包容、学习态度，而非排斥。

胡服骑射

《战国策·赵策二》记载："今吾（赵武灵王）将胡服骑射以教百姓。"为了壮大国家的军事力量，赵武灵王提倡向北方胡人学习胡服骑射，进行军事改革。

胡服，是战国时期我国北方少数民族的一种区别于当时汉民族的宽衣长袖的服装类型，具有衣短袖窄的特点，穿胡服，更方便人的肢体活动。

骑射，是少数民族比较擅长的活动，通过学习骑马射箭，赵武灵王建立了一支骑兵军队，丰富了士兵（步兵、车兵、骑兵）类型，军事力量的强大也促进了赵国的国力强盛，使赵国成为当时仅次于秦国的强国。

胡服骑射的影响远不止于军事方面，在武艺、服饰变革方面也对后世有重要的影响。

（二）和乐精神

荀子，战国时期赵国人，儒家学派代表人物，著名的思想家、哲学家、教育家。荀子的思想在燕赵地区影响范围较广，其儒家思想观点也成为燕赵文化的典型代表。

和乐，是荀子的重要思想主张，荀子认为"乐"能提升士气，提高修养。荀子的和乐观点具体表现在以下几方面。

首先，荀子主张，应让百姓在欢乐、愉悦的心态和环境中接受礼乐教化。

其次，荀子认为，乐能沟通人（父子、兄弟、乡邻等）的感情，使人际关系在享受美妙的音乐中达到和敬、和亲、和顺，这样不仅有助于礼乐的学习与交流，更有助于人与人的关系和谐，甚至使整个社会关系变得和谐。

此外，荀子指出，天地万物具有统一性，人对待万事万物应具有包容性，乐天地万事，与万物和谐相处。

燕赵文化继承周礼，谦虚包容，不主动挑起战争，其强调君君、臣臣、尊礼守法、和谐相处的社会文化正体现了荀子的和乐精神。

327

（三）人定胜天

荀子认为，"天行有常，不为尧存，不为桀亡"（《天论》），天地自然有其自己发展的规律，不会因为某个人或某些人而改变，人不能违背自然规律。

但是，荀子也指出，要遵守自然，但不必迷信自然，要"敬其在己者"，而不要"慕其在天者"，要尽"人道"而非"鬼事"（《礼论》）。

无论是合纵连横，还是毛遂自荐、荆轲刺秦，都是在大趋势下的人力抗争，是尽"人道"，"制天命而用之"的精神表现。

（四）责任意识

处军事重地，地平无险阻，大小纷争不断，这些让燕赵君民始终具有较强的忧患和责任意识。在朋友落难、国家存亡之际，能舍身而出，这样的精神让后人敬佩、传承。韩愈在《送董邵南游河北序》中开篇即说："燕赵古称多感慨悲歌之士。"

知识拓展

成语之都——邯郸

邯郸，是战国时期赵国古都，是燕赵地区的重要历史文化名城，有着7300多年的文明史、500多年的都城史。

邯郸作为文化名城，有很多历史名人典故和成语故事都发生在这里，众所周知的有以下几个。

邯郸学步：燕国一位少年听说赵国邯郸的人走路很好看就去学，结果不但没学会反而还忘记了自己原本的走姿。比喻模仿别人不到家，反倒把自己的长处丢掉了。

邯郸古城

完璧归赵：蔺相如带价值连城的和氏璧去和秦王换城池，和秦王斗智斗勇后，将和氏璧完好带回赵国。比喻原物完好归还原主。

负荆请罪：概括了廉颇与蔺相如将相争、将相和的故事，表示诚恳的道歉。

　　毛遂自荐：毛遂是赵国平原君的门客，主动请求跟随平原君劝说楚国出兵相助，比喻自己推荐自己。

　　黄粱美梦：出自沈既济《枕中记》，讲卢生在一个梦中经历人生荣华富贵、大起大落的故事。比喻不切实际的幻想。

学有所思

　　1. 如何理解燕赵文化与燕赵特殊地理位置、经济发展之间的密切联系？

　　2. 自古燕赵多义士，古往今来，燕赵儿女多有大义之举，除了本文提到的典故，你还知道哪些呢？

　　3. 燕赵文化的精神内涵，在当代有何重要时代价值与意义？

第四节 齐鲁文化

一、齐鲁文化的形成

齐鲁，源自战国时期的齐国和鲁国的合称，现主要指我国山东地区。

齐鲁文化是由"齐文化"和"鲁文化"合并发展而来，齐文化尚功利、求革新，鲁文化重伦理、尊传统，两种文化融合发展，形成了极具地方文化特色的齐鲁文化。

二、齐鲁文化的核心内容

春秋战国时期，文化开放，诸子百家各有建树，儒家以孔孟为代表，在齐鲁地区影响广泛、深远。可以说，儒家文化、孔孟之道，是齐鲁文化的核心内容。这里简单阐述以下几点。

（一）伦理道德

儒家的伦理道德影响深远，时至今日，中国人的理论道德与儒家理论都是一脉相承的。儒家理论的核心价值可以用五个字来总结，即仁、义、礼、智、信，也就是后世所说的"五常"。儒家重义轻利，主张"见利思义""见得思义"。儒家主张"义以为上"的价值观，强调"舍生取义"。儒家讲诚信，重孝道，崇尚君子人格，注重修身立德。

我国山东地区有深厚的孝道文化，重视教育，重视辈分和姓氏，有非常强烈的家族观念，民风淳朴率真、重情重义。

（二）以人为本

《论语·乡党》："厩焚。子退朝，曰：'伤人乎？'不问马。"马厩失火，孔子先问人而未问马，体现了儒家对个体生命的珍视。"未知生，焉知死"体现了儒家对人现世生活的重视。儒家提倡统治者实施仁政，让百姓丰衣足食，提升百姓的生活质量，且取信于百姓。孟子也非常关注人的生存与发展问题，并提出了"民为贵"的思想，主张"制民之产"。

齐鲁文化中，人始终占据重要的地位，教育、品德、为人处世，都是围绕着人来展开的。

具体来说，"泛爱众而亲仁""为政以德""有教无类"的观念，体现了以仁为核心的仁爱文化；"孝子之至，莫大乎尊亲"（《孟子·万章篇上》），孝道文化在齐鲁大地影响深远；在"格物、致知、诚意、正心、修身、齐家、治国、平天下"的个人追求、品质塑造、家国情怀中，人亦是主体，体现了以人为本的文化。

学有所思

1. 齐鲁文化与儒家文化有着密不可分的联系，请结合你身边的事例和见闻说一说儒家文化对齐鲁地区人们言行举止的深远影响，谈一谈你对文化影响的看法。

2. 齐鲁地区是人杰地灵之地，春秋战国时代的大思想家、教育家孔子，兵圣孙子、工圣鲁班、医祖扁鹊等人的家乡都在齐鲁地区，除此之外，你还知道哪些名人也是齐鲁人士呢？

第五节　巴蜀文化

一、巴蜀文化的悠久历史

距今 4500 年的新石器时代晚期的"宝墩文化"（考古学家在成都发现成都平原时代的古城址），是蜀文化的源头。距今 2500 年前的东周时期，巴文化兴起，此后，巴、蜀文化不断丰富、壮大，构成了巴蜀文化。

二、巴蜀的地理与人文

巴蜀地区，自然风光秀丽，地貌丰富，周围多自然天堑，对巴蜀地区形成自然的保护屏障，为巴蜀地区形成独立的文化空间、形成特色地域文化提供了良好地理条件。

从地理位置来看，巴蜀地区东、北有山与平原相隔，南接云贵高原，西有川西高地、青藏高原，崇山峻岭环绕形成自然屏障，内部河流众多便于航运和农业生产。

此外，巴蜀多森林、矿产资源，有"鱼、盐、铜、银之利，浮水转漕之便"（《后汉书·公孙述传》），诸葛亮称益州（四川一带古地名）为"天府之土"。

巴蜀地区，人杰地灵，自然风光秀丽，人文底蕴丰厚、文化景点众多，在许多文人墨客的笔下都有对巴蜀地理、人文风采的描述。李白称："蜀道之难，难于上青天！"杜甫在《上兜率寺》中感慨："江山有巴蜀，栋宇自齐梁。"这些诗词描述了巴蜀地区的地理特色和人文风貌，也为巴蜀地区增添了无限深厚的文化底蕴。

三、巴蜀文化的地域特征

（一）整体性

巴蜀被自然天堑环抱的地理位置，让巴蜀文化从诞生起就有相对独立的文化生存空间。在这一文化空间里，巴蜀地区人们独特的生活生产方式，让这里逐渐形成一个相对完整的文化体系，生活在这里的人们也具有强大的地理归属感和文化认同感，这也使得巴蜀文化得以传承和延续。

（二）创造性

巴蜀地区的人们自古以来在崇山峻岭、大川大河中谋生，且在汉中平原与青藏、云贵高原之间，身处南北东西不同文化的要害之地，历史上纷争时期，巴蜀是兵家必争之地。巴蜀人们历来在"险处求生"，具有勇敢的抗争精神，对于文明的创造和探索具有独到的创新、革命精神。

《汉书·地理志》中记载，巴蜀文人"未能笃信道德，反以好文刺讥"。意思是说，巴蜀人的文学创作总是大胆、反叛、新锐、不羁，有革新精神。如司马相如、李白、苏轼，他们文风不同，但都具有巴蜀人不墨守成规、自由洒脱的特点。

巴蜀地区也是较早跋山涉水与外界通商、开展贸易的地区，著名的茶马古道就在巴蜀地区，蜀商的灵活变通也成为巴蜀文化的重要特征之一，巴蜀人们对本地和外地文化的积极探索，让巴蜀文化极具探索性。

知识拓展

三星堆文化

20世纪80年代，考古学家先后在四川省广汉市三星堆镇对三星堆遗址进行考古调查，考古学界将发掘的文化遗存称为"三星堆文化"。

三星堆文化一经考古发现就惊艳了世人，三星堆出土文物众多、涉及内容广泛，涵盖不同历史经济时代的文化，为不同文明的碰撞与交流提供了文化线索，为世人展现了一个丰富、立体的巴蜀文化艺术世界。

三星堆已出土的文物中，有很多文物的用途和文化象征意义值得推敲，令人着迷。

三星堆青铜纵目面具

至今三星堆文化的年代下限仍存在争议，更多的文化秘密需要不断去探索、考证。

（三）开放性

从地理环境来看，巴蜀地区是闭塞的，但从人文角度来看，巴蜀文化又是开放的。

巴蜀文化起源于农耕文化，巴蜀地区物产丰富，又地处多地形、多文化交接之处，因此，具有文化、经济交流的需要，这就使得巴蜀文化具有开放性，能在形成自己独立、稳定的文化的基础上，与其他地域文化进行交流，不断冲破小农生活方式、突破自身

经济发展的瓶颈，不断吸收外来优秀文化成果，逐步丰富巴蜀文化
体系内容与内涵。

学有所思

1. 请分别尝试从地理、文化、经济、军事的角度就巴蜀
地区的重要性进行探讨分析。

2. 巴蜀地区曾经出现过许多文化名人，如李白、苏轼、
扬雄、陈子昂等，从这些巴蜀文人的文学作品来看，你认为
这些巴蜀文人具有哪些相似的特点呢？

3. 请总结概述巴蜀文化的鲜明地域特征，这些特征对巴
蜀文化又起到怎样的影响作用呢？

第六节　闽台文化

一、闽台文化的发展历程

　　闽台文化是我国福建、台湾地区的地域文化的合称，闽台文化经历了三个发展阶段。

　　人类社会早期，在中国福建和中国台湾地区之间，海水较浅，曾一度露出浅滩陆地，这一时期，就有先民从福建徒步经过浅滩到达台湾。

　　春秋战国时期，大批越族人进入南方各地，组成闽越族，形成融福建土著文化、吴越文化、中原文化于一体的闽越文化。

　　汉代，汉灭闽越国，内地居民开始移居福建地区。此后，在唐代、宋末、明末，都有几次大规模的北人南迁至闽台地区。元代福建省管辖范围包括台湾。明代晚期，汉人大量迁徙台湾。

　　闽台文化在北人的多次南迁过程中逐渐形成。

二、闽台文化的特点

闽台文化是陆地文化与海洋文化相结合的地域文化，具有明显的海洋文化色彩。闽台文化的海洋色彩与闽台地区临海的地理环境有着非常密切的关系。闽台地区的人们长期活跃在海边，以渔业为生，重视贸易，具有开放性。

闽台文化具有浓郁的乡土情谊和族群观念。闽台地区的人们在长期的群族生活中形成了以群族为中心的群族文化。

三、闽台文化的新发展

福建和台湾地缘相近、血缘相亲、史缘相连、文缘相承，闽台文化成为串联海峡两岸关系的文化纽带。

闽台文化是中华文化的一笔宝贵财富，不仅具有鲜明的地方文化特色，更有助于具有相同文化根源的人们的文化认同、民族认同，在促进民族团结和祖国统一方面发挥着重要的作用。

学有所思

1. 不同地域的文化具有鲜明的地域特色，与中原文化、燕赵文化、齐鲁文化、巴蜀文化相比，你认为闽台文化最突出的地域文化特色是什么？

2. "妈祖"是闽台文化中非常重要的民间信仰，妈祖信俗在 2009 年被联合国教科文组织正式列入人类非物质文化遗产，你对此有哪些了解？

温故知新

中国疆域辽阔，中华民族是一个多地域文化共同发展的民族，无论是三苏文化，还是中原文化、燕赵文化、齐鲁文化、巴蜀文化、闽台文化，都是中华文化的瑰宝。

在不同的历史时期，中华大地上，各地域文化在各自稳定发展的基础上，彼此相互交流、融合，表现出融合伸展、一体多元的特点，共同促进了中华文化的繁荣与发展，丰富了中华文化体系与精神内涵。

在多彩的文化体系当中，你更喜欢哪一种文化呢？哪一种文化对生活和社会产生了更为深远的影响？对于不同地域文化在现代社会文化中的继承和发展，你又有怎样的看法呢？

历史的车轮走到近代，中国也从传统走向了近代，曾经固有的轨迹被打破，封闭的状态开始变得开放。在这一历史时期，中国承受着来自西方的压迫和屈辱，与此同时也在不断地奋发图强。在这曲折的发展过程中，中国近代文化开始与国家的存亡与发展紧密相连，呈现出鲜明的时代特征。

　　学习中国近代文化，我们能更清楚地了解中国近代文化的发展轨迹、特点，深切地感受中华民族曾经经历的种种痛苦以及奋发的精神，从而以史为鉴，为实现中华民族的伟大复兴而努力奋斗。

✿ 了解中国传统文化所面临的危机。

✿ 了解中国传统文化在近代的艰难变革。

✿ 认识不同文化之间相互交流、尊重、学习的重要性。

第一节　传统文化面临的危机

1840 年，鸦片战争爆发，从此中国的大门被打开，也由此背负着屈辱进入了近代。伴随着社会政治的动荡、经济的频繁波动，中国文化在与西方文化的碰撞中开始转型，中国传统文化面临着巨大危机。

一、传统文化的稳定性受到冲击

从春秋战国时期的百家争鸣，到汉武帝时期独尊儒术政策的推行，儒家思想的正统地位被奠定，成为中国传统文化的核心，并在之后的两千余年中一直影响着中国的思想和文化。

在历史的发展和社会变迁中，中国传统文化不断吸收新的思想和学说，发生了各种变化，但无论怎么变化，思想核心都没有发生过改变，也没有遭受过什么深重的危机。即便是发生民族危机的时候，儒家文化依然屹立不倒，十分稳定。

文化是与政治和经济紧密相连的，当政治制度和经济结构稳定

345

时，文化也会异常稳定。在鸦片战争以前，中国封建政治制度和经济结构没有从根本上发生过变化或受到过巨大冲击，所以儒家文化也没有发生显著变化或受到根本冲击，表现出很强的稳定性。

但是，这种稳定性随着鸦片战争的爆发而消失了。鸦片战争是带着侵略性质的战争，这种侵略性不仅仅表现在军事上，还表现在政治上和经济上，更表现在文化和价值观上，使得中国传承千年的文化和价值观开始动摇。

在鸦片战争之后，随着西方资本主义势力的入侵，中国一直沿用的封建制度以及经济体制都遭到了破坏，与政治和经济紧密相关的中国传统文化也脱离了原来的行进路线，而且也不可能再回归至原来的路线上，可以说，传统文化遇到了前所未有的危机。

为了适应当时的社会形势，传统文化不得不做出改变，不得不革新。受西方文化和社会形势的影响，一方面，传统文化逐步向资产阶级新文化靠拢，另一方面，传统文化开始向西方文化学习。此时，中国传统文化冲破了与世隔绝的壁垒，开始走向世界。

知识拓展

简说鸦片战争

鸦片战争，一般指的是第一次鸦片战争。它是1840—1842年由英国发动的一场具有侵略性和掠夺性的战争，目的是开辟新的殖民地，掠夺更多的资源。

当时的政府和民众深受鸦片之害，林则徐受派前往广州禁烟，鸦片一经查出，尽数销毁。1840年，英国政府以此为借口，发动了侵华战争。

这场战争以中国的失败而告终，随之而来的是一系列屈辱的操作，包括割地、赔款等，而丧权辱国的《南京条约》就是在此时签订的。

鸦片战争将中国历史推向了近代，也开启了中国人民奋发自强的新篇章。

二、开始向先进文化学习

鸦片战争之前的中国基本处于封闭自足的状态，而且对世界上的其他国家和事物知之甚少。而鸦片战争之后，这种状态彻底被颠覆了，中国也才开始真正认识、了解和走向世界。

林则徐可谓近代冷眼看世界的第一人，在广州禁烟期间，他仔细研究英国国情，广泛搜集相关情报，与此同时还主持编译了《四洲志》，这是首次向国人介绍世界地理的著作，让中国人的眼界不再局限于国内，而是拓展至世界范围。

之后，魏源的《海国图志》、姚莹的《康輶纪行》、梁廷枏的《海国四说》等纷纷问世，这些著作或展现世界地理历史，或介绍中外关系，都体现了中国人意识的改变和思想的觉悟。

其中，魏源主张"师夷长技以制夷"，也就是通过学习西方的先进技术来弥补自身的不足。这体现了近代中国人思想上的进步，此时的中国逐步摆正心态，不再盲目自信，而是抱着一种求知的态度开始学习世界上的先进文化。由此，中国开启了与世界交流的大门，中国文化开始走向近代。

知识拓展

"师夷长技以制夷"

　　魏源主张"师夷长技以制夷"，他建议设立一些工厂，包括造船厂和火器厂，同时请西方人来加以指导，进而制造出船舰、火器以及其他民用器具。此外，魏源还建议将水师科纳入科举考试当中。

　　魏源的主张虽然与传统制度不符，与当时的思想相违背，但是具有重要的时代意义，表明了中国人开始客观看待传统文化和世界文化。

学有所思

　　1. 在战争的炮火中，中国风雨飘摇，动荡不安，你知道中国传统文化在其中受到了怎样的冲击吗？

　　2. 传统文化脱离原来的行迹轨道，走向近代变革之路，这一过程是十分曲折的，你知道有识之士为了向先进文化学习都做了怎样的努力吗？

第二节　传统文化走向近代的变革历程

在经历了战争的巨大冲击后，伴随着政治、经济的变动，中国文化开始由传统走向近代。在这个过程中，传统文化也发生了变革，具体表现在物质层面、制度层面和观念层面。

一、在物质上，传统文化不断变革

在步入近代之初，传统文化变革较为缓慢，并没有形成较大规模的运动。直到 19 世纪 60 年代，以"师夷长技以自强"为主要宗旨的洋务运动的兴起，中国传统文化才有了明显的变化。

洋务运动是清政府洋务派组织的一场改革运动，目的是学习西方的先进思想和技术，来弥补传统制度和文化的不足，进而自救和自强。其思想可以归结为"中体西用"。

在近代，西方科技迅速发展，自然科学与工艺技术突飞猛进，促使西方的生产力快速发展，而这实际上也反映了西方思想的变化。洋务派和一些改良派试图借用西方思想和技术来改变当时中国的现状，寻求技术上的进步和文化上的完善，实际上这就推动了中国文化思想的发展，也带动中国文化逐步现代化。

随着一些近代军事工业和民用工业的兴建，中国文化也开始发生变革，即大量引入和学习西方的科学知识和技术，由此引发了大量的翻译活动。据统计，当时翻译的西方书籍达300多部，而且大部分是科学技术类书籍，包括数学、物理、化学、医学、造船、冶金、纺织等。[①]

洋务运动也波及了学堂，一些新式学堂得以兴办。西方的学制和教学体系开始在新式学堂内实施，一些自然学科开始在课堂中教授，这使得自然科学知识得到普及。

不得不说，中国的传统文化和价值观受到西方思想与科技的巨大影响和冲击，但与此同时，中国传统文化也得到了丰富和发展。

努力自救的洋务运动

两次鸦片战争失败的沉痛经历，让清政府中的洋务派看到了西方科技的强大之处。为了摆脱内忧外患的局势，也为了实现富强的愿望，洋务派高举"自强""求富"的大旗，进行了一场学习西方先进技术以自救的运动，即洋务运动，又称"自强运动"。

---

① 梁启超．西学书目表［M］．上海《时务报》馆石印，（清）光绪二十二年（公元1896年）．

在这场运动中，洋务派积极引进西方的生产技术，大兴军事工业和民用工业，创办新式学校，以实现富国强兵。

遗憾的是，洋务运动并没有引领中国走上富强的道路，随着北洋海军在甲午中日战争中的全军覆灭而落下帷幕。

二、在制度上，传统文化逐步更新

一些早期维新派认为，仅学习西方的技术已经不能满足当时社会发展的需要，因此他们主张在学习西方技术的同时，要学习西方的制度。

维新派明确主张采用君主立宪制度，并付诸行动，大力进行相关的文化宣传。他们提倡民主，宣扬西方的政治学说，并创办了报纸、学会、新式学堂等，使文化教育呈现崭新的面貌。与此同时，维新派的代表人物严复还翻译了《天演论》，将西方科学观念引入中国，对当时中国的文化思想产生了重要影响。

戊戌变法时期，康有为及其学生梁启超主张"不中不西，即中即西"的文化思想，也就是将中国的传统文化用西方的学说来进行解释。康有为、梁启超并没有直接引进西方学说，而是间接宣传了西方学说，但由于旧有思想根深蒂固以及学习的西学十分有限，因此他们的学说难免有些支离破碎，最终没能脱离封建主义的旧文化。

随着戊戌变法的失败以及八国联军的侵略，维新改良思想逐渐落幕，革新思想开始登上历史舞台，并且十分活跃。具有革新思想的人士对西方的政治学说表现出极大的兴趣，而且不遗余力地宣传

351

西方学说，并由此掀起了翻译西方学术著作的热潮。此时，一些著名的西方科学著作被我国思想家翻译并出版，如杨廷栋翻译的《路索民约论》、严复翻译的《论法的精神》《社会学研究》《穆勒名学》等。

此时，很多思想家在表达自己的思想时更为直接，他们不再依赖传统文化的旧形式，而是采用时代特征鲜明的语言来表达新思想。资产阶级新文化在形式和内容上都更具独立姿态，而且为之后的辛亥革命奠定了思想基础。

知识拓展

早期维新派与维新派

早期维新派是 19 世纪六七十年代从洋务派中分化出来的一个派别，其代表人物有王韬、郑观应等。他们在经济、政治和文化上都主张向西方学习，并提出了一些进步新思想。

维新派是形成于 19 世纪 90 年代的一个政治派别，其代表人物有康有为、梁启超、严复、谭嗣同等。他们提倡新文化，主张维新变法，在促使人们思想觉醒和解放方面起到了重要作用。

三、在观念上，传统文化日新月异

辛亥革命给中国人民带来了一次思想上和政治上的大解放，取得了制度革命的胜利。它建立共和政体——中华民国，结束了统治中国几千年的君主专制制度，对中国社会产生了巨大影响，也推动了中国社会大步向前。

但是，仅有制度上的变革是不够的，因为国民没有随之觉醒，没有跟上变革的脚步，那么制度将是不坚固的。对此，陈独秀、李大钊等人掀起一场新文化运动，这场运动的目的就是通过宣扬民主和科学来改造国民性，解放民众思想。自此，中国文化进入了观念层面的变革阶段。

具体来说，新文化运动的目的就是革除旧的观念，树立与新制度形式对应的观念。这种观念的核心在于形成"独立人格"，并由此形成了三个口号，即个性主义、科学、民主。

其中，个性主义可以说是新文化运动的基石。在新文化运动之前的一些启蒙运动的主旨是解决民族危机，以救亡图存为目的，着眼点不在于个性解放。直到新文化运动时期，才将唤醒"国民之自觉"作为主要任务。新文化运动的影响四处可见，如妇女解放潮流、白话文运动、鲁迅的批判小说等都提倡和强调个性解放。

"科学"与"民主"这两个口号在新文化运动之前就已经被提出，但当时不以促使人们树立科学与民主的观念为目的，而是重在富国强兵和改造社会制度。新文化运动时期所提倡的科学与民主有了本质性变化。新文化运动的先驱们认为，巩固共和制度，就要提高国民的觉悟，也就是要培养国民的科学与民主意识。陈独秀就曾发表过相关的文章，提倡青年树立科学的价值观和人生态度。

在新文化运动中，传统文化遭到了批判，也受到了来自新文化内容和思想的冲击。从鸦片战争开始到五四新文化运动，中国文化完成了从传统向近代的变革。

中华文化通识

知识拓展

中国近代文化变革的内在动因

经过几千年积淀下来的传统文化已根深蒂固，而且影响深远，为何到了近代，在短短的一百年内，就发生了如此之大的变化呢？这主要源于以下三点。

首先，来自西方文化的冲击促使中国传统文化不断变化。随着国门的打开和西方文化的涌入，中国传统文化被迫做出反应，开始踏上变革之路。

其次，传统文化本身所含有的活力因素推动着传统文化向前发展。传统文化中的经世思想、民本思想、进取精神以及忧患意识等活力因素，也激发传统文化不断变化与发展。

最后，中国近代社会发展的需要带动中国传统文化向前发展。文化与社会发展状况总是相依存，中国近代社会的变动与推进，也带动了文化随之不断变化和发展。

学有所思

1. 文化与社会背景相依附，在不断变动的社会背景下，传统文化又经历了些什么呢？

2. 总体来讲，传统文化向近代的变革体现在物质、制度和观念三个层面，你知道具体是如何表现的吗？

温故知新

在风雨飘摇的近代，传统文化受到了前所未有的冲击，不得不顶着危机不断变革。

从遭受危机开始，到在物质上、制度上和观念上不断变革，中国文化完成了从传统到近代的转变，有了鲜明的时代性。在这一过程中，文化承载着历史的屈辱，也映照着历史的发展和国民的觉醒。

学习中国近代文化，能加深我们对国家历史以及文化的认识，增强我们的文化自信，令我们更加清楚自身的责任和未来要走的路。

了解了近代中国文化，你能说说自己的感受吗？

第十二章 社会主义中国新文化的发展

　　中华人民共和国的成立，标志着中国文化进入了新的历史时期，在此后的几十年时间里，中国文化以更加顽强的生命力和蓬勃的朝气繁荣发展。

　　在任何历史时期，文化的发展都是社会和时代发展与进步的重要力量源泉。

　　新时代背景下，我国更加重视推动民族思维方式、价值观念、生活方式以及艺术、科技、卫生等多元文化的进步与发展，以为人民群众创造更美好的生活为使命，努力实现中华民族富起来、强起来的伟大复兴中国梦。

【文化要点】

✿ 了解中国文化在中华人民共和国成立以后的新发展。

✿ 认识和理解中国特色社会主义文化的内涵。

✿ 正确理解文化自信。

✿ 正确理解中华民族伟大复兴中国梦。

第一节　中国文化的新发展

一、中国文化进入新发展阶段

中华人民共和国成立后，中国文化进入了一个崭新的发展阶段。为了提高全体人民的文化素质、改变广大劳动人民受教育程度低、精神文化生活贫乏的状况，我国从多个方面不断推进文化发展。

教育方面，大力普及和发展乡村教育、工农教育、少数民族教育，扶持图书出版、图书馆和博物馆建设，人民群众的受教育水平在此后几十年得到了快速的提升。

文艺方面，鼓励艺术表演深入到广大人民群众中去，影视、戏曲、歌曲等人民群众喜闻乐见的艺术作品不断增多，人民群众的精神生活得到了极大的丰富。

学术方面，"百花齐放、百家争鸣"的方针有效地促进了文学、哲学、艺术、自然科学和社会科学的发展，为新时期的文化发展提

供了丰富的养料。

此外，我国还组织专家对古籍、文献等进行了整理研究，一些古籍得以整理出版重印，一些文化遗产（包括语言、体育、文学、音乐、舞蹈、戏曲、美术、医学和药学、民俗等）得到了发掘、整理与保护。

二、中国文化的曲折发展、反思与进步

（一）中国文化的曲折发展

中华人民共和国成立以后，我国百废待兴，由于在社会、经济、文化建设中缺少经验，同时受国际国内各种因素的影响，我国的文化发展在不断探索中走了一些弯路。

（二）中国文化的反思与进步

20 世纪 80 年代，在中国共产党的领导下，社会各界就中国文化的发展进行了反思和激烈的讨论，呈现出宽松、民主的学术氛围和社会氛围。

在社会体制改革、经济体制改革的大背景下，人们的思维方式、思想观念、生活方式等也在不断变革、进步，一些旧的社会思想和社会文化心理被广大人民群众逐渐认识到并果断摒弃。随着旧观念、旧思想的逐渐消除，我国的思想文化工作者通过创作、讨论、宣传等方式对人们的思想观念、社会心理、伦理道德、文化审美等进行了更积极的引导。与此同时，大众文化、行业文化、校园文化、饮食文化、旅游文化、体育文化、娱乐文化等与人民群众生

活息息相关的各种文化都开始蓬勃发展。

进入 21 世纪以后，中国文化以更加包容和开放的姿态向前发展，在继承中国优秀传统文化、保护中国传统文化的基础上，立足当下，积极与其他文化进行交流，并不断创新，中国文化在新时代呈现出欣欣向荣之象。

学有所思

1. 文化的发展离不开社会经济、政治等环境的影响，请试着分析改革开放以来开放包容的社会、政治、经济环境对我国文化发展的积极影响。

2. 20 世纪中后期可以说是中国文化在经历巨大磨难后的复兴发展时期，这一时期，中国文化逐渐完成了从新民主主义文化向社会主义文化的过渡，请你分析一下这两种文化过渡和转变的必然性。

第二节　中国特色社会主义文化的建设

一、中国特色社会主义文化内涵

中国特色社会主义文化，是江泽民同志在中国共产党第十五次全国代表大会上的报告中提出的。党的十五大报告对中国特色社会主义文化做了明确而简洁的概括：中国特色社会主义文化，以马克思主义为指导，以培育有理想、有道德、有文化、有纪律的公民为目标，发展面向现代化、面向世界、面向未来的，民族的科学的大众的社会主义文化。

中国特色社会主义文化，是在社会主义制度下，以马克思主义为指导，在中国本土文化、传统文化的基础上，吸收中西先进文化的优秀内容，进而建立起来的具有历史继承性、时代精神、民族精神，反映我国社会经济和政治基本特征，又对经济和政治的发展起巨大促进作用的新文化。[①]

　　中国特色社会主义文化，首先是社会主义文化，是具有中华民族精神的文化，它是中国几千年文化发展的延续与创新，既不是以往文化的全盘继承，更不是西方文化的照搬复刻。

中国特色社会主义文化的方针

　　中国特色社会主义文化是新时代具有中国特色、蕴含中华民族伟大民族精神的文化，在推动中国特色社会主义文化发展的过程中，应始终坚持以下方针。

　　其一，坚持以马克思主义为指导，为人民服务、为社会主义服务。

　　其二，坚持"百花齐放，百家争鸣"。

　　其三，坚持贴近实际、贴近生活、贴近群众，不断创新。

　　其四，坚持立足当代又继承民族优秀文化传统，立足本国又充分吸收世界优秀文化成果。

　　其五，坚持"一手抓繁荣，一手抓管理"。

---

　　① 教育部高教司组编：张岱年，方克立主编．中国文化概论［M］．北京：北京师范大学出版社，2004：350.

二、建设中国特色社会主义文化的任务

建设中国特色社会主义文化的根本任务是，以马克思列宁主义、毛泽东思想、邓小平理论和"三个代表"重要思想，全面贯彻科学发展观，着力培育有理想、有道德、有文化、有纪律的公民，切实提高全民族的思想道德素质和科学文化素质。

在全面建设小康社会、推进社会主义现代化的新阶段，中国社会主义文化建设有了新发展，即坚持中国先进文化的前进方向和构建社会主义和谐文化。

党的十八大以来，中国特色社会主义文化建设旨在为中华民族伟大复兴提供思想保证、精神力量、道德滋养。

学有所思

1. 谈一谈你对中国特色社会主义文化的理解。

2. 中国文化在不同的历史时期具有不同的发展目标与任务，始终坚持中华民族的精神和保留中国文化的先进性是中国文化发展的重要前提，请你就当前中国文化发展的重心谈一谈自己的看法。

第三节　文化自信与民族复兴

一、文化自信

中国传统文化是中国文化的宝贵财富，任何时候都要传承和发扬中国传统文化中的优秀部分，要具有文化认同感、建立和坚定文化自信。

文化自信是一个民族、一个国家以及一个政党对自身文化价值的充分肯定和积极践行，并对其文化的生命力持有的坚定信心。[①]文化自信是文化繁荣的前提。

2017 年，习近平同志在十九大报告中提出，要坚定文化自信，没有高度的文化自信，没有文化的繁荣兴盛，就没有中华民族伟大复兴。

[①]　文化自信——习近平提出的时代课题［Z］. 国务院法制办公室.

二、中华民族伟大复兴的中国梦

（一）中华民族伟大复兴的中国梦

一个民族的复兴，既需要强大的物质力量，也需要强大的精神力量。

中国梦是"实现中华民族伟大复兴，是中华民族近代以来最伟大梦想"。

中国梦的实现，必须要坚持走中国道路，必须弘扬中国精神，必须凝聚中国力量。

知识拓展

中国梦的核心目标和具体表现

核心目标：

到 2021 年中国共产党成立 100 周年和 2049 年中华人民共和国成立 100 周年（两个一百年）时，逐步并最终顺利实现中华民族的伟大复兴。

具体表现：

国家富强、民族振兴、人民幸福。

（二）中国梦实现过程中的卓越成就

1. 教育与人才的发展

中国梦的实现归根到底要靠人才、靠教育。近年来，我国不断深化教育体制改革，在校大学生数量屡创新高，创新人才的数量和质量也在不断攀升。这为中国教育、文化、社会、经济等的发展奠定了良好的人才基础。

2. 科技的发展与突破

随着我国互联网科技的不断发展，人工智能和大数据在百姓生活中的应用不断增多，极大地方便了人民的生产生活。

飞速发展的航天技术

我国的航空航天技术起步晚，但发展态势喜人，神舟系列载人火箭、嫦娥号人造卫星、空间站的建设，每一次尝试都是一次科技的进步。从"北斗"，到"天眼工程"，航天成就为中国人民导航、知天象、上网等提供了强大的技术支持，这正是依托高科技支撑而实现的美好生活。中国航天事业的发展让中国人遨游太空、追逐星辰大海的梦更向前一步。

3. 体育文化的发展

人民体质健康始终是党和政府关心的重要内容，近年来我国体育事业的发展十分喜人，人民群众的体质健康水平较中华人民共和国成立初期有了较大的提高。

2008年北京夏季奥运会向世界展示了一个拥有丰富文化的、开放的、包容的中国，不同的文化在北京汇聚一堂，这是一次体育盛会，相互鼓励、交流，共同进步。北京奥运会圆了中国的百年梦想，使中国更加自信，更加开放，更加进步。

冰雪运动

2022年北京冬季奥运会，是一次充满激情的冰雪盛会，中国为世界体育健儿们提供展示自我、超越自我的舞台，也致力于同世界各国人民"一起向未来"，共创持久和平、共同繁荣的和谐世界与美好未来。

大众体育方面，我国人民群众的健身意识不断提高，健身已经深入社会大众的日常生活中，成为大众日常生活中必不可少的、时尚的生活态度与方式。

（三）中国梦的实现需要一代代青年接力奋斗

中国梦的实现离不开一代代有志青年的共同努力，传承中国传统文化、传承中华民族的奋斗精神，是当代青年建设祖国、实现自我价值的重要历史责任。

青年们要立大志、明大德、成大才、担大任，做堪当民族复兴重任的时代新人。

中华民族是一个勤劳智慧的民族，相信通过一代代人的不断努力，一定会实现中华民族的伟大复兴。

学有所思

1. 中华人民共和国成立以来，你觉得中国文化建设在哪些方面取得的成就比较显著？

2. 近年来，中国载人航天事业取得了重大突破，你能举例说明吗？

3. 中国文化的传承与发展离不开每一个中国人，更离不开有志青年的努力与奋斗，谈一谈你的理想并说一说你为理想的实现和祖国文化的持续发展做了哪些努力。

温故知新

中华民族以自强不息的奋斗精神创造了灿烂辉煌的中华文化。发扬、传承、创新，正是中华文化源远流长、发展至今并仍具有顽强生命力的根本动力。

在不同的历史阶段，中国文化具有不同的历史任务和目标，当前，在中国特色社会主义文化建设的过程中，重新认识和理解建设中国特色社会主义文化的内涵非常重要，在此基础上，要辩证地看待中国传统文化、西方文化，要始终坚持对中国文化中优秀内容的传承与创新，为新时代的中国文化不断注入生命活力。

青年一代是中国未来的建设者和接班人，是中华民族文化的传承者，应当负起文化传承的历史重任，不断鞭策和激励自己，在自己的努力奋斗下创造美好生活，实现个人价值与社会价值的统一。谈一谈你对这一历史重任的理解和奋斗方向。

[1] 曾小梅. 中国民族民间舞蹈文化研究 [M]. 北京：文化艺术出版社，2015.

[2] 程裕祯. 中国文化要略（第4版）[M]. 北京：外语教学与研究出版社，2017.

[3] 冯双白，茅慧. 中国舞蹈史及作品鉴赏 [M]. 北京：高等教育出版社，2010.

[4] 冯希哲，敬晓庆，孙振田. 中国传统文化概要 [M]. 北京：中国人民大学出版社，2012.

[5] 傅正初. 瓷器鉴赏 [M]. 漓江：漓江出版社，2009.

[6] 于春松，张晓芒. 中国文化常识 [M]. 北京：中国友谊出版公司，2019.

[7] 郭克俭. 戏曲鉴赏 [M]. 上海：上海教育出版社，2011.

[8] 黄明珠. 中国舞蹈艺术鉴赏指南 [M]. 上海：上海音乐出版社，2006.

[9] 教育部高教司组编：张岱年，方克立主编. 中国文化概论

［M］. 北京：北京师范大学出版社，2004.

　　［10］金海龙，田小彪，辛建荣等. 中外民俗概论［M］. 哈尔滨：哈尔滨工程大学出版社，2011.

　　［11］李建中. 中国文化概论（第2版）［M］. 武汉：武汉大学出版社，2014.

　　［12］李晓利. 中国传统文化概论［M］. 西安：西北大学出版社，2012.

　　［13］梁启超. 西学书目表［M］. 上海《时务报》馆石印，（清）光绪二十二年（公元1896年）.

　　［14］林晓丹. 中国哲学史［M］. 北京：煤炭工业出版社，2016.

　　［15］刘涛. 中西文化概论［M］. 长春：东北师范大学出版社，2012.

　　［16］罗锡诗，夏晴. 魏晋南北朝隋唐文学史［M］. 广州：中山大学出版社，1999.

　　［17］骆文伟. 中国传统文化概论［M］. 北京：清华大学出版社，2019.

　　［18］吕思勉. 中国文化史［M］. 天津：天津出版传媒集团，2016.

　　［19］苗广娜，吴雁，刘怡涵. 中国民俗文化［M］. 成都：电子科技大学出版社，2014.

　　［20］潘佳来. 中国传统瓷器［M］. 北京：人民美术出版社，2006.

　　［21］钱宗范，朱文涛. 先秦史十二讲［M］. 北京：中国国际广播出版社，2008.

　　［22］任平，李立靖，普思源. 中国民族民间舞蹈文化与教学［M］. 北京：中国书籍出版社，2015.

　　［23］沈从文. 中国古代服饰研究［M］. 上海：上海书店出版社，2006.

［24］孙中家，林黎明. 中国帝王陵寝［M］. 哈尔滨：黑龙江人民出版社，1987.

［25］田季生，贺润坤. 中国传统文化概观［M］. 北京：科学出版社，2009.

［26］王衍军. 中国民俗文化［M］. 广州：暨南大学出版社，2011.

［27］文若愚. 中国文化全知道［M］. 北京：中国华侨出版社，2016.

［28］武维胜. 多元文化交融下的中国民间民族音乐［M］. 北京：中国商业出版社，2017.

［29］谢宇. 凝固的艺术——建筑艺术［M］. 南昌：百花洲文艺出版社，2010.

［30］徐潜. 中国民俗文化［M］. 长春：吉林文史出版社，2013.

［31］许可. 传统文化简明读本［M］. 北京：中国书籍出版社，2017.

［32］游唤民. 先秦民本思想［M］. 长沙：湖南师范大学出版社，1991.

［33］张昭军，孙燕京. 中国近代文化史［M］. 北京：中华书局，2012.

［34］张庚，郭汉城. 中国戏曲通史［M］. 北京：中国戏剧出版社，2006.

［35］阴法鲁. 许树安，刘玉才. 中国古代文化史（上、下）［M］. 北京：北京大学出版社，2008.

［36］周晓孟，沈智. 国人必知的 2300 个民俗常识［M］. 沈阳：万卷出版公司，2010.

［37］祝西莹，徐淑霞，张良等. 中西文化概论［M］. 北京：中国轻工业出版社，2005.

［38］刘家琳. 先秦道家生命思想及其教育价值［D］. 青岛：

中国海洋大学，2014.

[39] 徐文婷. 中国古代丧葬文化及明清小说中的丧葬描写 [D]. 辽宁师范大学，2013.

[40] 陈洪东，任婷. 传统宴饮礼仪的社会文化意蕴解读 [J]. 学界观察，2015（9）：215-216.

[41] 陈汇霖. 对中国传统建筑文化的传承与发展分析 [J]. 中外建筑，2018（2）：59-60.

[42] 杜芳. 中华优秀传统文化与文化自信 [J]. 探索，2017（2）：163-168.

[43] 范世忠. 诸子百家说 [J]. 华夏文化，1998（2）：22.

[44] 贡坚，郭珩. 祭祀制度与祠堂建筑 [J]. 山西建筑，2008（12）：75-77.

[45] 郭军宁. 明十三陵漫谈 [J]. 寻根，2006（6）：68-74.

[46] 洪修平. 隋唐儒佛道三教关系及其学术影响 [J]. 南京大学学报，2003（6）：137-139.

[47] 胡火清，邱耀. 古祠堂的建筑装饰探析 [J]. 知识窗，2012（10）：79.

[48] 华方田. 中国佛教宗派——三论宗 [J]. 佛教文化，2005（2）：13-20.

[49] 李旻，张允熠. 论中国传统文化及其创造性转化和创新性发展 [J]. 思想理论教育，2017（5）：35-42.

[50] 李玉峰，孙召英. 中国传统建筑文化在现代建筑创作中运用 [J]. 建材与装饰，2019（6）：83-84.

[51] 李宗桂. 40 年文化研究的反思和前景展望 [J]. 社会科学战线，2018（10）：1-25＋281.

[52] 刘韶军. 孔子学习思想的内涵及意义 [J]. 江苏科技大学学报（社会科学版），2018（3）：1-11.

[53] 潘晓凡. 对于佛教在中国传播过程中的几个问题的浅析

［J］. 黑龙江史志，2010（1）：144-145.

［54］沈丽霞，郭伟华，赵红梅. 先秦儒家思想的主要特征［J］. 党史博采（理论版），2010（5）：33-34.

［55］孙成武. 中国近代文化变革的历史轨迹及基本特征［J］. 东北师大学报（哲学社会科学版），2004（5）：121-125.

［56］孙科峰. 追根溯源——关于中国传统建筑文化的现代设计传承的思考［J］. 华中建筑，2019（6）：1-5.

［57］吴增礼，马振伟. 中华优秀传统文化提升文化自信的理与路［J］. 马克思主义研究，2018（9）：77-85.

［58］徐光木，江畅. 习近平总书记对中华优秀传统文化的创造性转化和创新性发展［J］. 思想理论教育，2019（2）：38-44.

［59］徐旺生. "二十四节气"在中国产生的原因及现实意义［J］. 中原文化研究，2017（4）：95-101.

［60］谢桃坊. 宋代市民社会生活与酒文化［J］. 文史杂志，2021（4）：63-68.

［61］张媛艳. 浅析地域文化差异对舞蹈文化的影响——论中国民间舞蹈与外国代表性舞蹈的差异性［J］. 现代企业文化，2009（33）：79-80.

［62］朱筱新. 中国古代的婚礼与习俗［J］. 百科知识，2012（11）：54-55.